城市轨道交通质量提升丛书

建设期遗留质量通病管控研究与实践

成都地铁运营有限公司　编著

中国铁道出版社有限公司

2 0 1 9 年 · 北　京

图书在版编目（CIP）数据

建设期遗留质量通病管控研究与实践/成都地铁运营有限公司编著．—北京：中国铁道出版社有限公司，2019.4

（城市轨道交通质量提升丛书）

ISBN 978-7-113-25475-9

Ⅰ．①建…　Ⅱ．①成…　Ⅲ．①城市铁路－轨道交通－质量管理－研究　Ⅳ．①U239.5

中国版本图书馆 CIP 数据核字（2019）第 020890 号

城市轨道交通质量提升丛书

书　　名：建设期遗留质量通病管控研究与实践

作　　者：成都地铁运营有限公司

责任编辑：徐　艳　　　**编辑部电话：**010-63583191

封面设计：高博越

责任校对：焦桂荣

责任印制：高春晓

出版发行：中国铁道出版社有限公司（100054，北京市西城区右安门西街 8 号）

网　　址：http://www.tdpress.com

印　　刷：三河市兴博印务有限公司

版　　次：2019 年 4 月第 1 版　2019 年 4 月第 1 次印刷

开　　本：880 mm×1 230 mm　1/32　**印张：**8.625　**字数：**235 千

书　　号：ISBN 978-7-113-25475-9

定　　价：46.00 元

编写委员会

主　　编：沈卫平

副 主 编：饶　咏

编　　委：丁　超　陈　辉　廖理明　黄　嘉
何　方　王　睿

编写人员：杨　磊　曹　政　毕　林　李　蓉
梁海清　冷福荣　钟沁宏　陈　悦
毛佳炜　佟媛媛　胡　伟　杨培磊
陈继勇　杨星星　张昊明　段立正
龚云海　李亦华　杜玉宇　赵晓阳
蒋秀君　曾秀娟　魏　波　左永恒

前　言

随着城市化速度加快，我国城市轨道交通（以下简称"城轨"）行业已步入飞速发展的黄金时期。轨道交通在引领城市发展、满足公众出行需求等方面日益发挥出举足轻重的作用。超常规发展同时也带来了一系列问题，行业内技术力量急剧摊薄，从业能力很难在短时间内提升，大量施工单位对城轨建设缺乏必要的实践经验。而城轨建设阶段施工集中、专业性强、技术密集的几大特点又决定了建设质量对后续运营影响巨大、至关重要。如何提高建设工程质量，是城轨行业共同面临的现实难题。

2018年初国务院办公厅、交通运输部先后颁布了《关于保障城市轨道交通安全运行的意见》及《城市轨道交通运营管理规定》（以下简称《意见》及《规定》），对切实保障城轨运行安全、促进城轨行业健康发展提出了明确要求。成都轨道交通集团有限公司以《意见》和《规定》为指引，积极探索企业高质量、可持续发展之路，全面梳理近10年来行业新线接管及运营初期发现的质量通病问题，总结防控和整治经验，并结合国内外典型质量案例编著成书。

前事不忘，后事之师。多年来，成都轨道交通集团有限公司以乘客满意为出发点和落脚点，始终坚持"乘客优先、安全第一、质量至上、确保工期、节约成本"的管理理念，将"一切为运营"的工作思路贯穿于规划、设计、建设全过程，努力将问题消灭在开通之前，为线网高质量运营奠定基础。希望本书能抛砖引玉，引起同行关注和共鸣，在大规模兴建城轨初期早重视、早分析、早总结，防患于未然，避免将质量问题从建设期带入运营期，抓实抓好运营前置，为公众提供安心、舒心、放心的城轨运营服务。

编　者

2019 年 2 月

中英文缩略语

ADD（Automatic Dropping Device）：自动降弓装置
AFC（Automatic Fare Collection）：自动售检票系统
ATO（Automatic Train Operation）：列车自动运行系统
CBTC（Communication Based Train Control）：基于通信的列车控制系统
DCU/M（Drive Control Unit/Motor）：牵引驱动控制单元
DDU（Driver Display Unit）：司机显示单元
DO（Digital Output）：数字量输出
DX（Digital（Input/Output）MIX）：数字量输入输出模块
EB（Emergency Brake）：紧急制动
EBCU（Electro-Brake Control Unit）：电子制动控制单元
EPC（Electro-Pneumatic Control）：电空控制
EPS（Emergency Power Supply）：应急电源
HMI（Human-Machine Interface）：人机界面
MCM（Motor Converter Module）：牵引变流器模块
MVB（Multifunction Vehicle Bus）：多功能列车总线
SVG（Static Var Generator）：动态无功功率补偿装置
TCMS（Train Control and Monitoring System）：列车控制和监视系统
TMS（Train Management System）：列车管理系统
UPS（Uninterruptible Power Supply）：不间断电源
UPVC（Unplasticized Polyvinyl Chloride）：硬质聚氯乙烯
VCU（Vehicle Control Unit）：车辆控制单元

目　　录

第1篇　概　　述

第1章　中国内地城轨线网运营发展现状

截至2018年末，中国内地共计35个城市开通城轨线路187条并投入运营，运营线路长度达到5 767公里。其中，地铁4 511公里，占比78.2%；其他制式线路长度约1 255公里，占比21.8%。2018年新增运营线路22条，同比增长13.3%；新增运营线路长度734公里，同比增长14.6%。继2017年线路增长长度首次超过800公里后，2018年线路增长长度持续突破700公里，继续保持高速增长。全年累计完成客运量213亿人次，同比增长15.1%。拥有2条及以上运营线路的城市已增至26个，占已开通城轨城市的76.5%。

据不完全统计，2018年中国城轨在建线路202条，分布在成都、广州、北京等46座城市，总里程达5 521公里，车站3 447座，投资额高达37 175亿元。从运营线网规模看，上海785公里、北京714公里大幅领先全国其他城市，运营线网继续优化；广州运营线路长度超过400公里，线网规模快速增长；南京、成都、重庆、武汉运营线路长度超过300公里，骨干网络快速形成。全国共计17个城市形成100公里以上线网规模，城轨交通网络化运营已逐步形成。

随着城轨交通的不断发展，运营里程急剧增加，线网规模快速扩张，公众出行对城轨依赖加大，线网运营后常牵一发而动全身，城轨运营单位安全压力日趋加大。为切实保障城轨交通安全运行，2018年3月国务院颁布了《国务院办公厅关于保障城市轨道交通安全运行的意见》（国办发〔2018〕13号），同年5月，交通运输部颁布了《城市轨道交通运营管理规定》（中华人民共和国交通运输部令2018年第8号），从宏观层面明确了加强城市轨道交通规划、建设、运营协调统一的必要性，城轨交通要树立“规划建设为运营、运营服务为乘客”的理念，将安全和质量要求贯穿于规划、建设、运营始终。为落实《意见》和《规定》，将城轨运营管理“关口”前移，以扎实的运营前置工作推动城轨运营高质量可持续发展是各运营单位的长期课题。

第2章　城轨建设期遗留质量通病的类型和影响

城轨交通工程为百年大计，建设期长、涉及专业多，城轨建设者付出了大量的心血，但受建设工期紧、任务重等客观因素影响，新线投入运营后，仍然遗留大量的建设期质量通病。这些问题在运营期整治不仅耗时费力，甚至部分问题无法得到根治。

建设质量是城轨运营安全的基础，规划、设计、施工质量，对运营安全的影响举足轻重。规划前瞻不足、设计方案缺陷、施工质量不达标，任一环节出现问题都可能对运营造成影响。

2.1　遗留问题专业占比

本书收集整理了车辆、轨道、建筑装修、结构、空调、给排水、供电、接触网、动力照明、通信、信号、AFC、自动化、站台门14个专业的质量通病问题，其中，给排水、车辆、供电、建筑、结构的数量为排名前五名的专业，占比超过问题总数的68%。见图2.1。

2.2　遗留问题影响分析

从造成的影响来看，影响行车的问题占比最高，达到34%，影响安全及维护的问题次之，占24%，影响客服的问题比例最低，占18%。见图2.2。

2.2.1　影响行车的问题

影响行车的问题主要集中在车辆、信号、供电、轨道等专业，此类问题可能导致列车晚点、行车中断等后果。

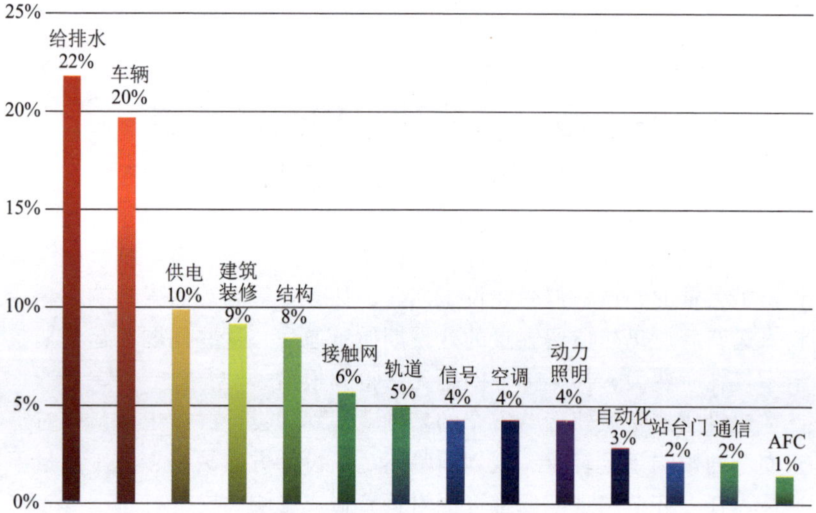

图 2.1　不同专业遗留问题占比

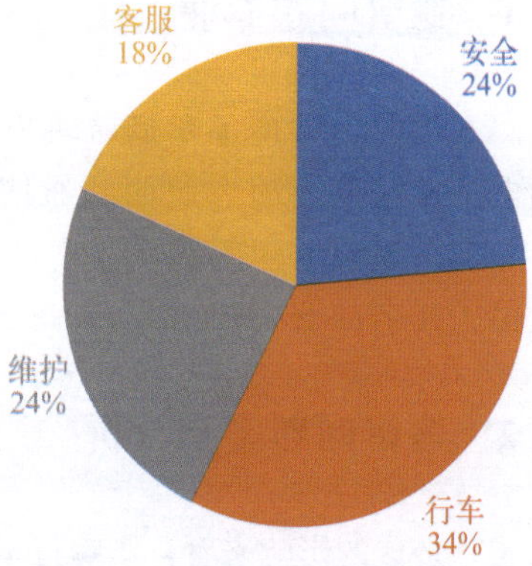

图 2.2　遗留问题影响占比

（1）车辆专业问题主要集中在牵引、制动、受电弓、车门等涉及行车安全的关键子系统。牵引系统问题主要为设计阶段未考虑城轨车辆实际运行中接触器、预充电接触器频繁断开闭合的情况，设计不合理导致接触器组件严重拉弧影响设备寿命及可靠性；制动系统问题主要为设计阶段未充分考虑阀部件额定压力条件及选材造成阀部件异常动作等缺陷；受电弓系统问题主要为碳滑条与铝托架间粘接材料选材、压力开关定值设置不合理，造成受电弓存在降弓风险；车门系统问题主要为门控器未预留足够接口、内部元件选型不合理、门下滑轨易卡异物等设计缺陷引发车门故障。

（2）信号专业问题主要集中在系统性故障及硬件设备设计、安装不规范两方面。系统性故障体现在车地通信中断、列车丢标、加速度计测量容错范围小导致列车定位丢失、信号模式不可用，造成列车晚点。车地通信中断的主要原因为未采用双向 A/B 网同时覆盖导致不能实现随时冗余、无线天线设置位置不合理导致列车丢包严重、无线信号使用 2.4 GHz 频段干扰严重。列车丢标的主要问题为信标读取系统选型功率小导致容易出现丢标。硬件设备设计、安装不规范主要体现在勘测不充分导致设备安装位置不合理、线缆铺设杂乱虚接、设备安装不牢固等问题可能引起电气故障。

（3）供电专业问题主要集中在设计方案缺陷和设备单体质量缺陷两个方面。设计方案缺陷一是杂散电流引起的挂地线打火，造成接地线发热、烧毁或者打火；二是出入场线设置绝缘锚段关节，存在拉弧打火；三是 SVG 室通风设计未考虑足够的设备发热量或 SVG 室通风散热布局不合理。设备单体质量主要体现在开关柜二次线布线不规范、开关柜绝缘法兰密封性不佳、电缆因施工质量问题导致的绝缘破损等方面。

（4）轨道专业问题主要集中在道床板裂纹、轨底坡超限、钻孔不规范、道岔质量缺陷、轨枕歪斜、水沟排水不畅及接头焊接质量等方面。

2.2.2　影响安全的问题

影响安全的问题主要集中在建筑、结构等专业，此类问题可能导致结构破坏、高空坠落、触电等危及乘客、员工安全的事件。

（1）建筑专业问题主要体现在检修爬梯、防护笼设计长度不足存在高空作业安全隐患，照明、幕墙、墙面工程选型选材不合理、施工工艺未达标、安装位置不合理导致的部件易脱落，栏杆设置位置不合理存在人员被卡、坠落等隐患。原因主要是设计阶段未结合现场实际情况、各设计专业未做好沟通协调、施工工艺质量卡控不严。

（2）结构专业问题主要集中在结构漏水、排水不畅导致的防汛问题，以及沉降导致的道床剥离及地面塌陷等问题。结构漏水主要与施工工艺不规范导致的混凝土干缩裂缝、预埋件与混凝土结合不密实、防水材料失效有关；沉降过大的原因是设计阶段地质、水文勘察信息不准确，施工阶段未严格按照施工工艺及设计要求施工。

2.2.3 影响客服的问题

影响客服的问题主要集中在建筑、动力照明、电扶梯、AFC 等直接面向乘客提供服务的专业，此类问题直接影响客服质量及城轨形象。

（1）建筑专业问题主要集中在盲道安装位置不合理及大面积脱落，影响车站无障碍设备设施使用及装饰美观；地面疏散标识接线绝缘处理不良导致短路，使指示灯不亮；离壁沟防水失效发生墙壁渗水，造成地面湿滑。

（2）动力照明专业问题主要集中在配电箱采用上进线方式导致开孔进水引起设备短路故障，安检机地插设置位置与安检机位置不匹配。

2.2.4 影响维护的问题

影响设备可维护性的问题专业分布较为分散，集中体现在设备检修、使用不便，导致增加维保人员工作量及维保难度。

如气灭手自动转换开关安装在变压器网栅以内，变压器带电情况下无法进行设备房气灭转换操作；1 500 V 开关柜后方未设置接地扁钢，不便于检修挂接地线；设备房降温措施不足，设备房温度过高等问题。

第3章 城轨建设期遗留质量通病的典型后果

追溯近年来国内外轨道交通行业发生的事故，不难发现由于设计缺陷、施工不规范、质量不达标造成的恶性结果，这些典型案例都以惨痛的教训为今后城市轨道交通建设提出了警示，从源头加强治理显得更加有意义。

3.1 空载试运行脱轨事故

2013年1月，某城轨首期工程列车在空载试运行过程中，列车出隧道进入高架段时发生脱轨。脱轨后列车并未颠覆，但列车车头部位受损严重，导致司机室暖风装置坠落，造成司机一人当场死亡，一人受轻伤。如图3.1所示。

(a) 列车车头部位受损

(b) 救援现场

图3.1 脱轨事故现场

事后调查发现，施工单位没有严格按照施工规范要求进行安装，造成防火门坠落，侵入行车线路限界，引发了列车脱轨；列车驾驶室暖风设备安装质量不高和设计不科学，导致列车在脱轨后碰上隧道口并撞上护栏后暖风设备坠落，砸向驾驶室司机，发生了人员伤亡。

3.2　车站防汛抢险事件

2018 年 6 月，因受连续大暴雨影响，某城轨车站出入口在建基坑被雨水灌满，导致建设区域与运营区域间隔离围护桩桩间喷射混凝土及土体被冲破，大量雨水从在建基坑进入已运营车站，车站部分设备被水浸泡，致使车站停运约 4 小时。如图 3.2 所示。

(a) 被击穿的基坑　　　　(b) 车站进水

图 3.2　基坑破坏及雨水冲刷现场

本事件暴露出施工组织方面存在缺陷：一是车站出入口基坑防洪能力不足，施工组织设计未能考虑到所在地市政排水设施排水能力不足的问题，没有设置充足的排水设施，导致基坑被雨水灌满。二是施工组织设计未充分考虑建设区域可能对运营区域造成的影响，对隔离围护设施能力设计不足，导致在基坑被雨水灌满的情况下隔离围护被击穿，雨水进入运营区域导致车站停运。

3.3　车站电扶梯逆行事故

2011 年 7 月，某城轨车站上行自动扶梯发生设备故障，梯级突然倒转下滑，致使正在搭乘自动扶梯的部分乘客跌落，导致踩踏事件的发生，事故共造成 1 人死亡，2 人重伤，26 人轻伤。事故现场如图 3.3 所示。

(a) 自动扶梯梯级跳起

(b) 救援现场

图 3.3　扶梯逆行事故现场

事故扶梯从双主机到单主机的设计变更未进行动载荷设计核算，构成设计缺陷，螺栓长度和螺栓附着面加工不符合设计要求，存在制造缺陷，直接导致了扶梯在运行中驱动主机固定螺栓发生断裂，造成主机倾覆、驱动链条脱落、梯级失去上行动力逆向下滑，辅助制动器开关未正常启动，导致了事故的发生。

3.4　列车紧急制动不缓解事件

2016 年 8 月，某城轨列车行驶过程中出现紧急制动不缓解，列车无法动车，导致启动列车救援处置程序，后续列车清客后担任救援列车，将故障列车推送至存车线，导致此线路小交路运行并晚点 14 分钟。

故障原因为车辆厂家在对该车进行接线整改作业时，将制动控制箱内 X1 插头 C9 点的原 26703 线缆断开后悬空在插头内，并未按工艺要求绝缘保护，导致在列车运动过程中与 X1 插头金属外壳接触接地，同时由于该线缆的另一端也未按工艺要求断开并进行绝缘防护，形成接地短路回路，致使制动控制电源空开跳闸，最终导致列车紧急制动不缓解。如图 3.4 所示。

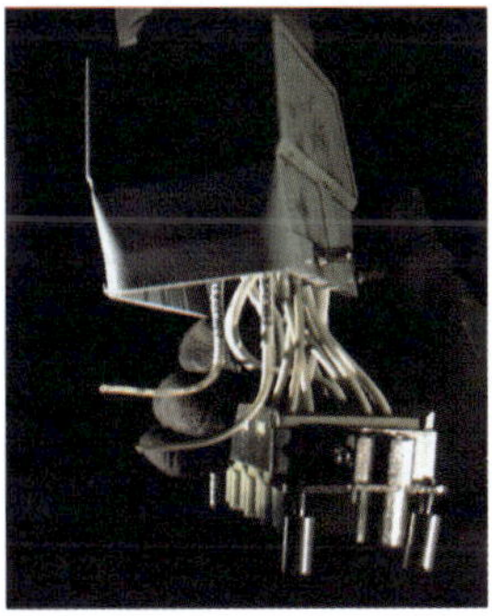

图 3.4　线缆悬空在插头内

3.5 德国ICE高速列车脱线事件

1998年6月3日，德国高铁884号列车前往汉堡市途中第2节车厢第3条车轴上的一个车轮外钢圈因疲乏而突然爆裂，钢条碎片插进了车厢内。在列车驶过转辙机时，爆裂的车轮外钢圈又把转辙机上的引导轨扬起一段，同时也插入了车厢走道并冲破车厢顶。一连串的效应，致使车头与第2节之后的车体分离。事故现场如图3.5所示。

(a) 断裂的钢圈

(b) 事故现场

图3.5 爆裂的外钢圈及事故现场

事故主要原因是轮箍设计存在缺陷。德国事故列车ICE-1所用的轮对是在单层的外圈加上20 mm厚的橡胶，再加一层钢圈，橡胶能起到避振作用，但双层轮对仅适合运用在慢速列车，ICE-1因高速运行，钢圈产生金属疲劳而断裂。

第 2 篇　建设期遗留通病案例

第 1 章　车 辆 专 业

1.1　车辆专业主要质量通病概述

车辆专业问题主要涉及牵引、制动、车钩等重要系统的软、硬件，主要为产品选型、生产工艺、制造质量等方面问题。这些问题可能造成列车清客、下线、运营晚点，严重者甚至造成列车救援。

针对以上问题，一是设计上需要积极对接运营单位，结合车辆运营实际，在全面进行选型、仿真分析的前提下，优化改进车辆各系统、部件设计，确保设计严谨、适用；二是制造上严格把控生产制造各环节的质量，优化、改进制造装配工艺，切实提高产品质量；三是加强内控管理，完善相关技术文件，规范采购及检验流程，充分进行耐久试验，提高生产、调试人员专业水平，不放过任何可能导致车辆故障的隐患。

1.2　牵引高压箱牵引控制单元板卡烧损

1.2.1　现象描述

列车在运行中客室电气柜内牵引高压箱电源空开跳闸，牵引控制单元板卡烧损。如图 1.1 所示。

1.2.2　影响及后果

牵引控制单元板卡烧损可能导致列车无法动车。由于车辆每台牵

图 1.1　板卡上 C70 电容烧损位置

引、辅助系统均有牵引控制单元板卡，板卡烧损后可能导致单节车或多节车的牵引、辅助丢失，严重情况下会影响全列车牵引、辅助丢失，列车因牵引力不足无法动车，被迫下线、救援，严重影响线网的运营秩序。

1.2.3　原因分析

牵引控制单元中的 DCU/M 板卡上 C70 电容生产工艺控制不良导致板卡烧损，板卡短路造成该牵引高压箱的控制电源空开跳闸，该电源除向 DCU/M 供电外还为箱内其他 DC 110 V 控制电路及控制高速断路器分合的 DX44 单元供电，该 DX 单元失电会导致牵引系统高断断开，牵引封锁并报出牵引系统前舱门未关闭等次生故障。如图 1.2 所示。

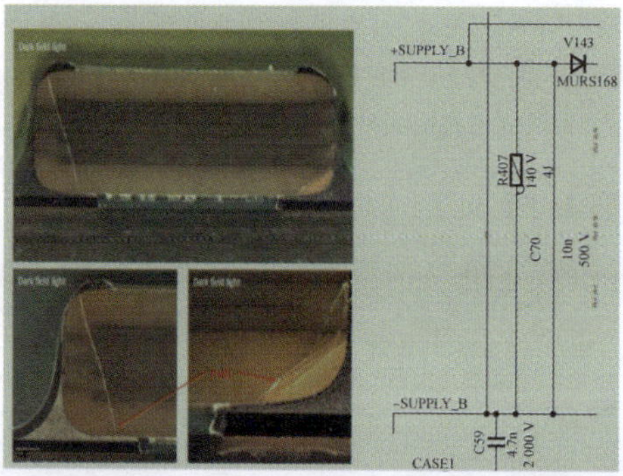

图 1.2　C70 电容解剖及电气原理图

1.2.4 控制措施

加强对板卡等重要外购电子部件在生产加工过程的质量把控，完善生产过程中的检查及试验报告，提高产品出厂前的抽检率。

1.2.5 整改效果

开展牵引高压箱内部控制电路的优化工作，避免列车单元内多车共用电源或使能、单电源空开失效造成多车牵引丢失的风险，将高速断路器及 DX 单元的电源分开，各自使用一个空开进行控制，将板卡故障后对整列车牵引、辅助系统的影响降到最低。整改后车辆运营情况良好。

1.3 车顶波纹板压扁位置漏水

1.3.1 现象描述

电客车车顶波纹板压扁位置出现裂纹，造成车顶波纹板压扁位置漏水。如图 1.3 所示。

图 1.3 车顶波纹板压扁位置漏水

1.3.2 影响及后果

列车在雨天露天运行或在洗车时，水可能经裂纹渗漏至车体电气柜内，导致电气柜内电气元件进水短路，造成电气元件烧损、跳闸，影响行车安全。

1.3.3 原因分析

车顶波纹板在采用压扁工艺制造过程中质量控制不到位，造成压扁处母材出现裂纹，且在交检中缺少该工序的质量抽查，导致出厂后车顶存在裂纹等制造缺陷。车顶波纹板在压扁过程中产生裂纹的位置位于压扁后形成的帽形结构下部，而且压扁间隙较小，在做淋雨测试过程中缺陷位置对水流起到一定阻隔作用，故车体钢结构制造过程中按照标准试验方法，两次车体淋雨试验（车顶淋雨试验、钢结构淋雨试验）不易发现缺陷位置漏水。

1.3.4 控制措施

（1）加强车顶制造质量卡控。提高车顶波纹板的检查频率，明确自检、互检要求，将每批车顶波纹板入场抽检升级为所有波纹板入场全检；将对车顶波纹板外观检查升级为对波纹板压扁处进行淋水试漏，并增加反面专项检查卡控工序。

（2）提升车顶试漏工艺要求。一是高压风试漏需将每个吹风位置停留时间由 10 s 提升为 20 s，将补焊后重新进行风试漏的区域由焊缝位置扩大至焊缝周边 100 mm 内水试漏：二是将淋雨设备移动速度由 1 m/min 降低为 0.5 m/min，将往返淋雨的次数由 2 次提升为 3 次，将喷水结束后观察是否有漏点的时间由 10 min 内提升为 20 min 内。

（3）提升钢结构整车试漏工艺要求。将车内观察人员人数由 1 人增加至 2 人，将车辆移动速度由 1 m/min 降低为 0.5 m/min，将往返试漏次数由 2 次提升为 3 次，将喷水结束后观察是否有漏点的时间由 10～20 min 提升为 30 min。

1.3.5 整改效果

在所有列车车顶波纹板压扁位置涂打 ISR70-03H 灰色密封胶处

理，并对所有施胶位置进行淋水试验，确保车辆密封性。如图 1.4 所示。经批量整改后运行至今未再出现车顶漏水情况。

图 1.4 车顶波纹板压扁位置整改效果图

1.4 电客车总风软管接头连接处破裂

1.4.1 现象描述

电客车总风软管接头连接处破裂，总风泄漏导致总风压力过低，列车紧急制动。如图 1.5 所示。

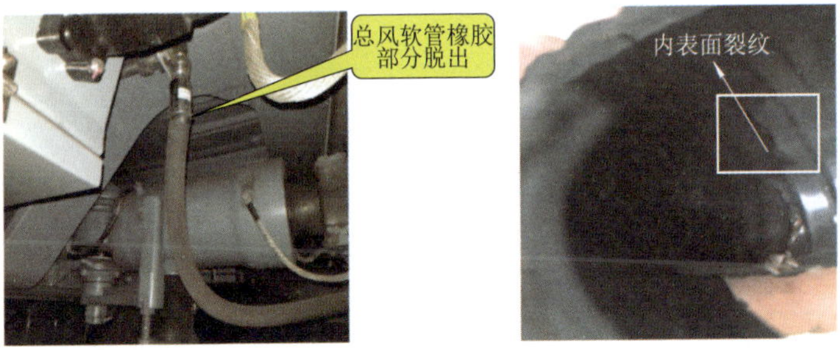

图 1.5 软管与接头部分破裂

1.4.2 影响及后果

(1) 行车方面，总风软管破裂可能导致无法动车进而造成清客和救援。总风软管破裂将导致全列车总风压力急速下降，当总风压力持续下降至 550 kPa 时，总风压力开关动作导致紧急制动环路失电，引发列车产生紧急制动，操作总风旁路开关后仍可动车，当总风持续泄漏至总风压力下降至 420 kPa 时，此时全列车每个带停放制动的单元制动器将自动施加停放制动。

（2）设备维护方面，总风软管破裂可能导致车轮、钢轨寿命缩短或报废。总风软管破裂可能使停放制动无法缓解导致抱闸运行，在轨面湿滑的情况下会发生轮对滑行，造成轮轨擦伤，进而导致车轮、钢轨寿命减短和报废。

1.4.3 原因分析

一是总风软管选用橡胶软管材质不符合要求，在长时间的抖动、高压环境下容易导致软管接头连接处破裂。二是总风软管的金属接头与橡胶软管连接方式不合理，软管外部的压紧环及软管内部的衬芯都具有齿形结构，通过扣压机将外部的压紧环压缩使软管与衬芯所在的金属接头连接。若压紧力太小，可能造成接头连接不紧密；若压紧力过大，可能会将连接部位软管压碎，长时间运行后松动漏气，以致接头松脱。

1.4.4 控制措施

一是对质量不符合要求的软管进行更换，将原有软管更换为壁厚 6 mm、应用业绩良好的软管；二是严格把控软管生产制造各环节，从软管金属接头部件机加工到软管成品试验的各个环节进行抽查，装车前对替换软管材质进行实物抽样对比检查，验证合格方可装车使用。

1.4.5 整改效果

对总风软管进行批量换型，采用具有良好运用业绩且材质和制造工艺都符合要求的软管产品进行替换，整改后效果良好，未再发生软管破裂故障。

1.5 车门下导轨槽易掉入异物

1.5.1 现象描述

现有电客车车门系统主要采用的电动内藏移门在下导轨和踏板之间设置了导轨槽。在车门开关、乘客上下车的过程中导轨槽容易掉入异物，从而导致门扇开关不畅，甚至因异物在导轨槽中卡死造成车门无法正常开闭。如图 1.6 所示。

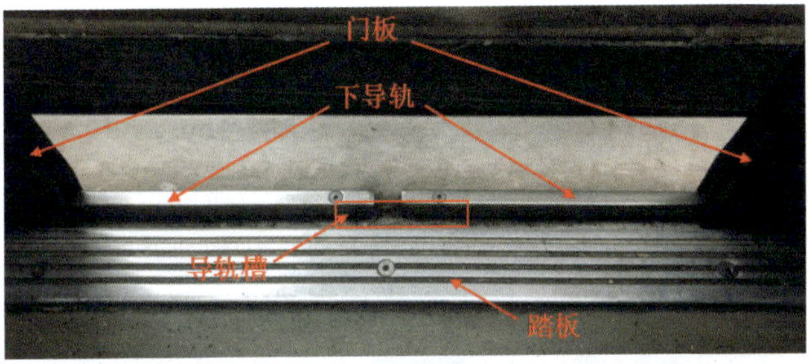

图 1.6 车门下导轨槽（旧式结构）

1.5.2 影响及后果

异物掉入导轨槽中造成车门卡滞，需要专业人员现场处置，若异物不能现场取出但车门能够关闭，则需将该门切除后进行载客运营，乘客只能从相邻车门上下车，若异物不能现场取出且车门不能关闭，则车辆需清客并退出运营服务。

1.5.3 原因分析

电动内藏结构型式的车门系统在初期设计时未充分考虑异物掉入导轨槽后容易造成车门卡滞的风险，影响车门正常开关。车门下导轨、上平面及侧面槽内共三个区域易发生异物卡滞，见图 1.7。

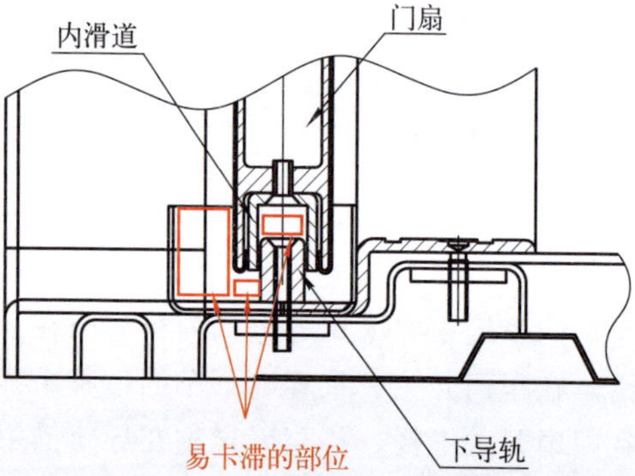

图 1.7 车门易出现卡滞的部位

1.5.4 控制措施

车门系统采用无障碍下导轨，实现车门下端密闭。无障碍下导轨表面无凹槽，与踏板平齐，在门扇下方设置滑条随着门扇运动，在开门的过程中将原有导轨上的凹槽完全覆盖，从而防止异物进入，有效降低异物卡滞几率。见图 1.8。

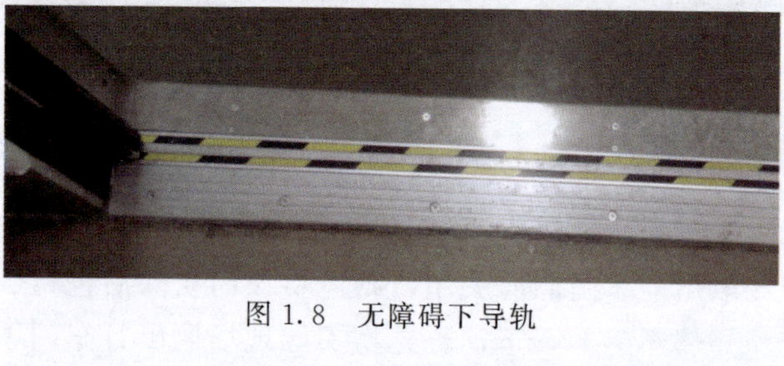

图 1.8 无障碍下导轨

1.5.5 整改效果

开展新型无障碍下导轨试点改造，更换整体门扇，门扇下部安装下导向组件；普通下导轨更改为无障碍下导轨组件；门槛更换为和无障碍下导轨配套的门槛。对改造换型后的列车进行跟踪观察，运用状态较好，未出现与下导轨异物卡滞相关的任何异常情况。

1.6　车钩缓冲器端螺母脱出

1.6.1　现象描述

车钩缓冲器端螺母脱出，如图 1.9 所示。

图 1.9　车钩缓冲器端螺母脱出

1.6.2　影响及后果

车钩缓冲器端螺母脱出可能造成列车分离，影响列车运行安全。车钩缓冲器端螺母松脱后，相邻车辆间距离发生变化，可能造成贯通道渡板及顶板连接件受到较大纵向拉力且超出自由活动范围而造成损坏，若未及时发现故障，出现车钩缓冲器端螺母完全脱出，钩缓冲器壳体与其拉杆将分离，最终造成列车分离。

1.6.3　原因分析

（1）设计方面，车钩缓冲器端螺母的防转销设计结构不合理。防转销上端未设计带台阶防掉落结构，在安装孔深度加工过深时，防转销存在掉落到缓冲器内筒表面、在内筒轴向运动中受其作用力剪断的隐患，防转销受力剪断后，将进一步掉落到车钩缓冲器内部，使防转销失去对端螺母的防转作用。如图 1.10 所示。

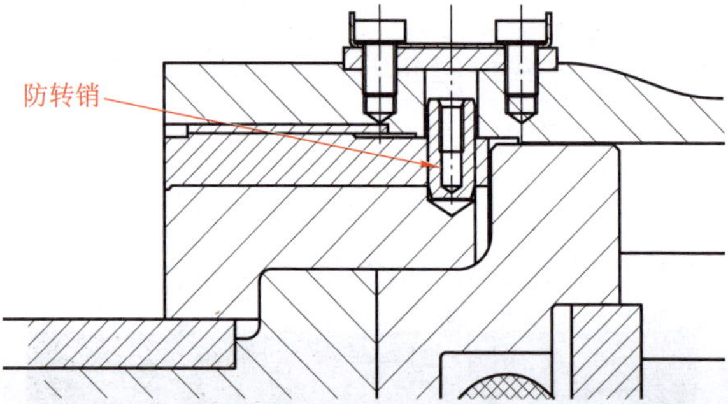

图 1.10　防转销孔过深导致防转销掉落至内筒表面

（2）生产方面，防转销安装孔加工质量不高。车钩缓冲器组装完成后，防转销安装孔采用手工钻配钻，钻孔深度控制全凭操作者经验，尺寸不易控制，导致部分件加工过深，组装时防转销落到内筒表面。

1.6.4　控制措施

（1）设计方面，对车钩缓冲器端螺母的防转销安装结构设计进行改进，采用台阶轴结构，材质和防转部分的有效长度与原防转销相同，保证原有防转销功能不发生改变，性能不降低，同时增加凸台防掉落的功能，即使销孔钻深，但由于防转销上部台阶挡在销孔外，不会出现防转销下掉被剪断的隐患。

（2）生产方面，改进防转销安装孔加工工艺，采用自动钻孔机床进行钻孔，其加工深度靠设备加工程序及精度保证，并在加工后增加专项检查工序，确保防转销安装孔的加工尺寸符合设计要求。

1.6.5　整改效果

采用带凸台的防转销、带凹槽的盖板及盖板紧固件组成的新防转销安装结构，如图 1.11 所示。整改后未再出现车钩缓冲器端螺母松脱现象，消除了防转销掉落导致车钩缓冲器端螺母松脱的安全隐患，整改效果良好。

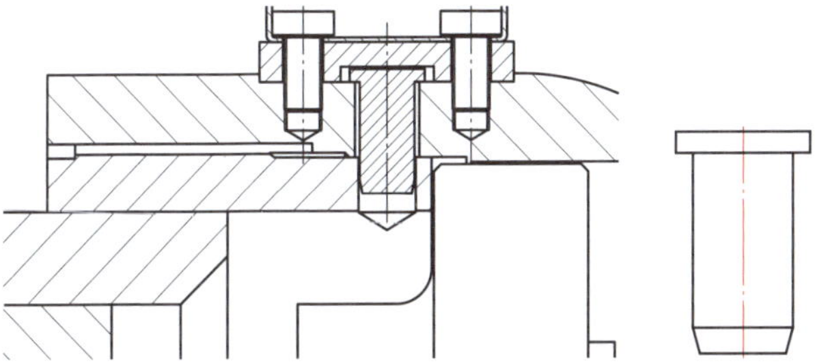

图 1.11 车钩缓冲器端螺母的新防转销安装结构

1.7 齿轮箱接地线安装板及端子断裂

1.7.1 现象描述

齿轮箱接地线安装板及端子断裂、分离，如图 1.12 和图 1.13 所示。

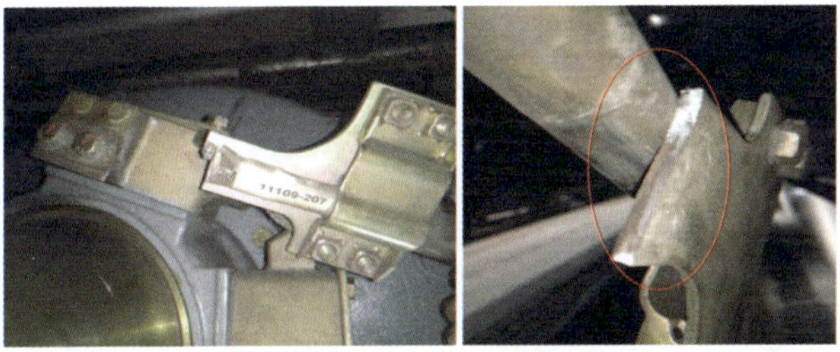

图 1.12 齿轮箱接地线安装板及端子断裂

1.7.2 影响及后果

齿轮箱接地线安装板及端子断裂、分离可能影响行车安全，引起电气设备损坏。一是齿轮箱接地线安装板及端子断裂可能导致断裂部件掉落轨行区，造成脱轨、碰伤车下部件，影响行车安全；二是接地

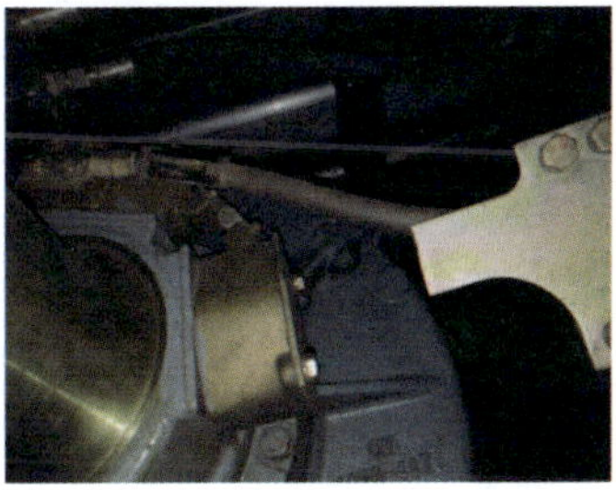

图 1.13 齿轮箱接地线安装板断裂

回流断开后，可能导致回流能力不足，回流电流绕行其他回流端子回流，造成回流端子烧损甚至损坏电气设备。

1.7.3 原因分析

（1）设计方面，齿轮箱接地线结构设计不合理。齿轮箱接地线安装从外到里依次为接地线端子、安装板和齿轮箱，通过有限元分析，安装板在正线运行时受到的应力较大，最大处为 110.24 MPa，见图 1.14，而安装板材质屈服强度为 235 MPa，屈服安全系数偏低（约为 2.13），安装板在正线长期受冲击载荷作用下逐渐出现疲劳断裂。

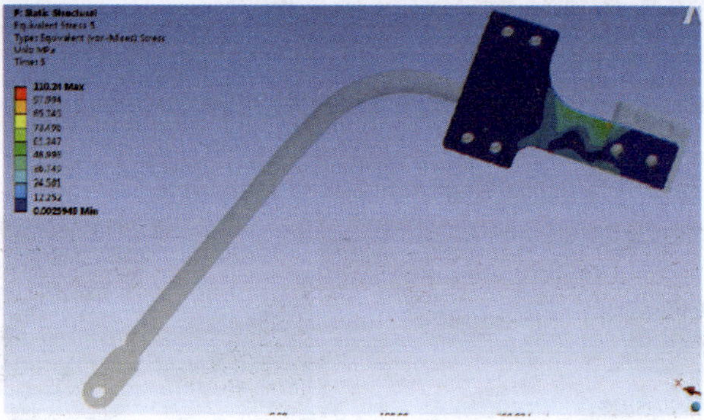

图 1.14 齿轮箱接地线安装板有限元分析图

（2）生产方面，齿轮箱接地线安装板上固定电缆的螺栓未紧固好，在列车运用中受到正线冲击后逐渐出现松动，使电缆及其安装板产生晃动，最后在较大的额外载荷下发生断裂。

1.7.4 控制措施

（1）设计方面，改进齿轮箱接地线安装设计结构，从外到里依次为安装板、接地线、齿轮箱。将接线端子与安装板分开紧固，接线端子两个螺栓孔处，紧固件采用 M10X25 8.8 级高耐蚀螺栓加平垫、弹簧垫圈的防松措施。压线箍处，电缆需用胶皮保护后再用压线箍压紧，确保不松动，见图 1.15。对新安装结构下的接地线安装板进行有限元分析，安装板在正线运行时受到应力最大处为 52.464 MPa，比原安装结构降低了 57.776 MPa，屈服安全系数为 4.48，比原安装结构提高了 2.35，见图 1.16。

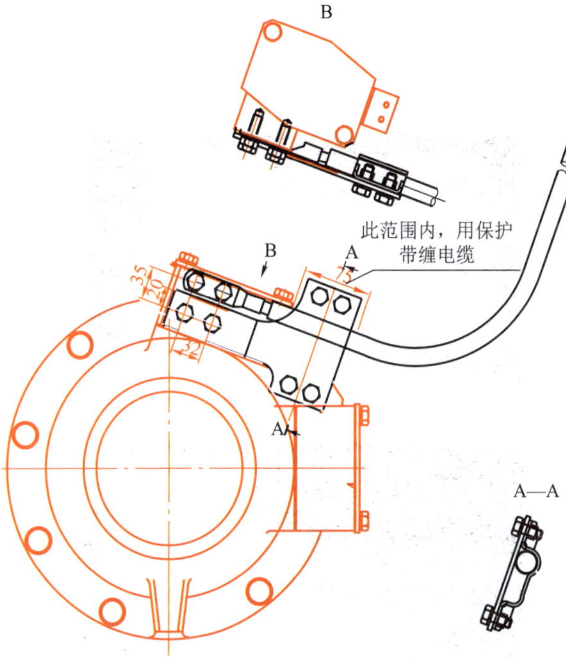

图 1.15 齿轮箱接地线新安装结构图

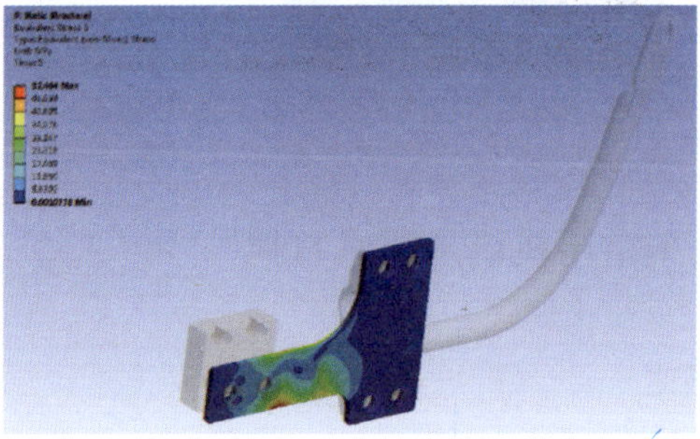

图 1.16 新安装结构安装板有限元分析图

（2）生产方面，加强安装质量控制。齿轮箱接地线及安装板安装后，增加互检及质量抽检，确保接地线及安装板紧固良好。

1.7.5 整改效果

按新安装结构进行整改后，未再发生齿轮箱接地电缆安装板及端子断裂故障，整改效果较好，如图 1.17 和图 1.18 所示。

图 1.17 齿轮箱接地线安装结构整改前状况

图 1.18 齿轮箱接地线安装结构整改后状况

1.8 内燃机车空压机机未正常打风

1.8.1 现象描述

内燃机车牵引过程中，内燃机车总风缸压力降至加载设定值

700 kPa时空压机未正常加载打风。

1.8.2　影响及后果

未正常打风可能导致列车救援。内燃机车总风缸压力得不到加载补充，使总风缸压力不能维持在700～800 kPa的正常工作状态，影响整车制动系统工作状态。若该故障在正线长时间得不到处理，内燃机车将进行救援。

1.8.3　原因分析

一是压力开关KP的机械机构未正常动作。正常情况下压力控制器做为总风缸气压控制元件，当风缸压力降到规定值700 kPa时，压力开关KP闭合，压缩机进入正常运转，该故障发生时风缸压力降到规定值700 kPa，压力开关KP的机械机构未正常动作。二是空压机控制无安全冗余设计，空压机无强迫打风功能，如图1.19和图1.20所示。

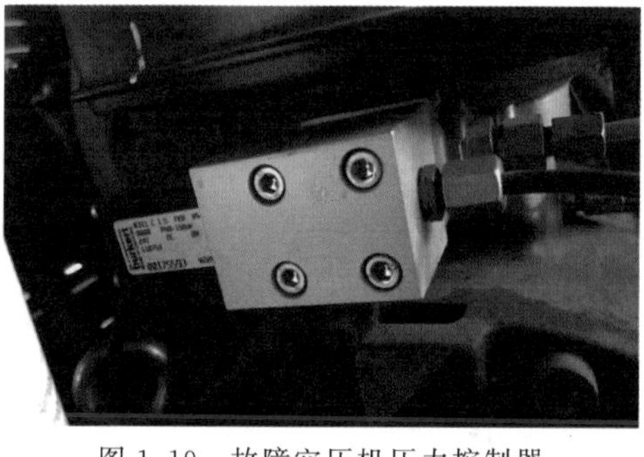

图1.19　故障空压机压力控制器

1.8.4　控制措施

一是优化修程检查内容，将压力控制器外观及功能检查列入检修项点定期开展维修检查；二是内燃机车空压机加装安全冗余设计，实现空压机强迫打风功能，如图1.21所示。

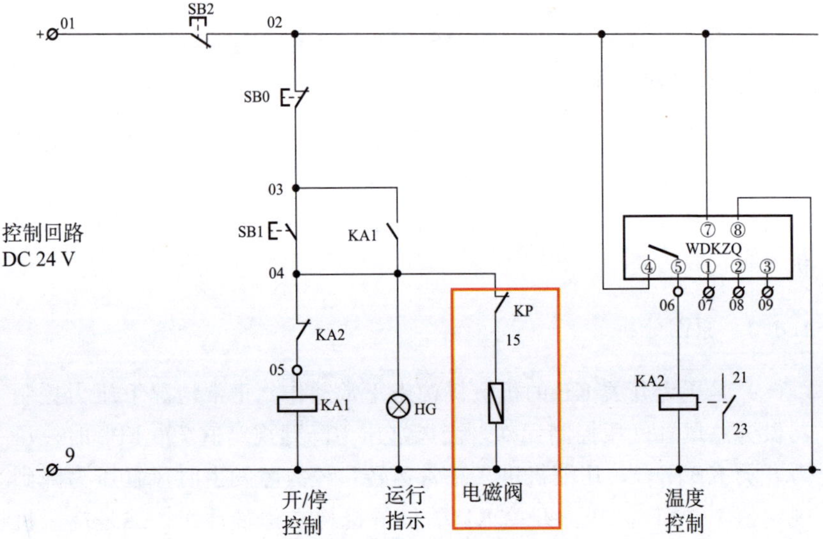

图 1.20 空压机电磁阀线路图

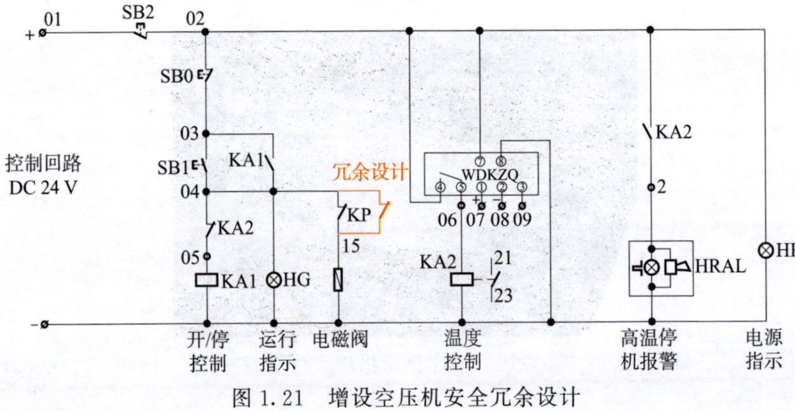

图 1.21 增设空压机安全冗余设计

1.8.5 整改效果

更换压力控制器、增设空压机强迫打风功能后，未再出现空压机不能打风的状况。

1.9 内燃车柴油机无法启动

1.9.1 现象描述

柴油机启动马达无法正常工作导致柴油机无法启动，在机车显示屏上充电电压、柴油机机油压力、燃油压力、柴油机转速表转速均为0。

1.9.2 影响及后果

（1）行车方面，柴油机无法启动使柴油机内燃机车无法运行导致救援。作为内燃机车的动力输出单元，无法正常启动时将导致内燃机车无法运行，在正线作业发生此类故障时将会导致正线救援，同时影响正线施工作业的正常秩序，导致作业、施工计划改变。

（2）设备维护方面，柴油机故障处置成本高。因柴油机运行控制电路较为复杂，若发生故障，排查难度较大，问题处置过程需花费较大的人力、物力；柴油机无法启动通常因启动马达烧损导致，处置措施常为更换启动马达和启动继电器，部件均为进口件，成本较高，如图1.22所示。

图1.22 DA11型接触网检测车柴油机启动马达铜片与螺栓烧损

1.9.3 原因分析

（1）设计方面，一是柴油机启动回路无稳压模块，启动时启动马达电压瞬间下降导致马达电磁开关吸合不到位；二是启动继电器选型、质量存在缺陷，启动继电器触头接触电阻较大，回路电流减小导致启动马达线圈电磁力降低；三是由于蓄电池容量降低。

（2）生产方面，在内燃机车新造过程中存在继电器安装、电路连接、电缆固定方式不可靠等现象，使内燃机车在经过一段时间的运行后出现柴油机电气控制系统线路虚接、松脱等现象，导致柴油机无法启动。

1.9.4 控制措施

（1）设计方面，一是根据 GB/T 3314—2006《内燃机车通用技术条件》的要求，机车的主、辅、控电路应有可靠的保护措施，并有故障显示和切除装置，以维持故障运行的可靠性[5]。因此在设计阶段需确保电气控制系统设置有稳压模块等保护措施。二是在设计阶段参照工程车蓄电池容量、寿命的实际运用情况重新确定蓄电池容量。三是继电器选型应充分考虑现场使用环境、整车电源条件等综合因素，其设计性能、使用寿命应具有充足余量。

（2）生产方面，一是内燃机车新造过程中应确保电线管、线槽安装牢固，电线要用扎线带、线卡等方式以适当间隔可靠固定，防止振动造成电线损伤；二是安装不应有连线不当、安装位置不当等引起维护保养不便、装卸不便，减小电气间隙、减小爬电距离等问题；三是接线端子的结构应保持良好的电接触和预期的载流能力，接触电阻应≤5 MΩ。

1.9.5 整改效果

针对电路设计缺陷，结合实际问题，优化电路，采取了更换起动继电器、蓄电池容量恢复的对策，整改后该故障再未出现。

1.10 电客车单元制动器闸瓦托复位弹簧导管断裂

1.10.1 现象描述

电客车单元制动器闸瓦托复位弹簧导管在运行过程中断裂，导致复位弹簧和断裂的导管掉落，如图 1.23 所示。

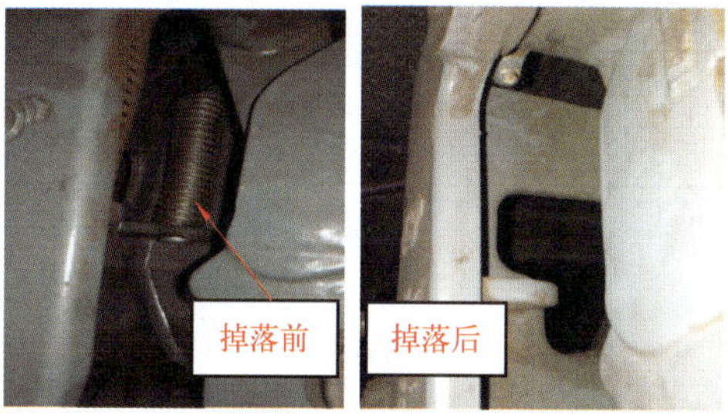

图 1.23 闸瓦托复位弹簧导管断裂示意

1.10.2 影响及后果

闸瓦托复位弹簧导管断裂一是有掉入轨行区造成列车脱轨的风险；二是会导致悬挂连杆、闸瓦托和闸瓦间隙调节器内部零件磨损加快，零部件整体寿命减短。

1.10.3 原因分析

电客车每个单元制动器有两根闸瓦托复位弹簧，制动缓解后闸瓦托的复位弹簧的复位力可保证闸瓦完全离开踏面，并保持相对位置稳定。但当一根闸瓦托复位弹簧导管断裂后，相应的复位弹簧也会因无导向管而掉落轨行区，相应的单元制动器闸瓦托回复力变小，单元制动器抵抗振动磨损能力会减弱。

一是单元制动器闸瓦托复位弹簧导管制造工艺存在缺陷。导管旋压位置壁厚尺寸不符合零部件图纸要求（图纸要求：$2^{+0.3}_{-0.2}$ mm，见图1.24，实际壁厚尺寸约 0.2～0.3 mm）。导管加工过程关键工艺为热旋压：先将导管加热到一定温度后进行旋压，加热过程中通过目视检查零部件颜色变化来判断温度高低，个别零部件可能加热温度过高导致旋压后管壁极端薄，不符合设计图纸要求，工作过程中应力集中导致导管断裂，复位弹簧掉落。二是厂家对采购的外协件质量控制措施不足，未能抽取足量的导管进行导管壁厚的剖解检查，导致质量不合格导管的批量装车。

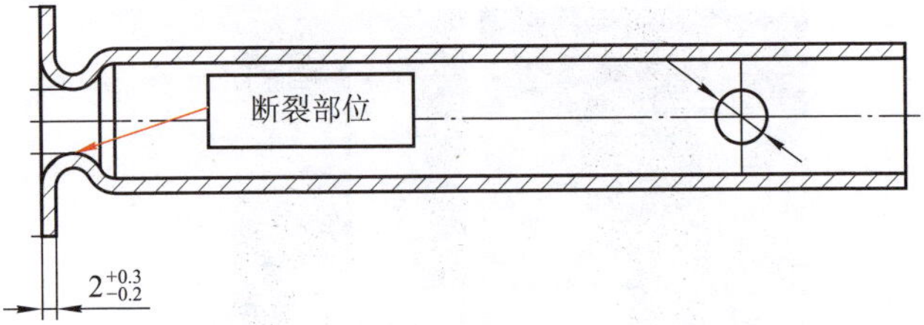

图 1.24　导管设计图纸

1.10.4　控制措施

一是优化单元制动器闸瓦托复位弹簧导管制造工艺。导管生产加工采用冷挤压成型技术，与热旋压工艺不同，冷挤压通过模具保证产品的壁厚符合设计图纸要求，无加热工序，加工过程更稳定、更易控制，要严格把控导管生产加工全过程质量，针对首件及量产件，增加生产过程中的检查项点，提高产品抽检率。二是规范外协件入厂验收工作。外协件入厂时抽取一定比例的部件，对其所有尺寸进行检查，同时针对关键尺寸，须做好入厂件的全检工作。

对于电客车牵引制动等关键系统，其原进口部件开展本地化生产工作前，须对本地化生产厂家做好严格评审、论证，建立准入机制，定期检查生产厂家的现场质量控制成效，才能确保进口零部件转本地化生产后的产品质量。

1.10.5　整改效果

对单元制动器闸瓦托复位弹簧导管用进口导管在车上进行替换，替换后效果良好，未再发生导管断裂问题。

1.11　地铁车辆线缆出现白斑、鼓包

1.11.1　现象描述

地铁车辆低压线缆出现不同程度的白斑、鼓包问题，其中司机

室、客室电气柜及空调柜上方，客室紧急报警器出线及司机室地板下线槽等位置腐蚀情况相对严重，如图 1.25 所示。

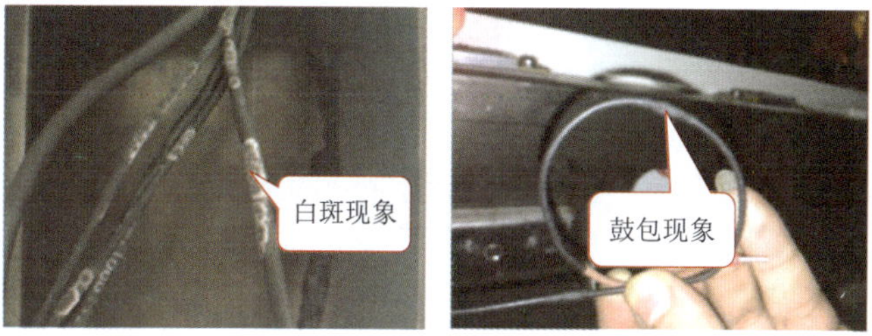

图 1.25 电缆白斑、鼓包

1.11.2 影响及后果

地铁车辆低压线缆故障可能造成列车晚点、清客、救援，甚至引发火灾，给运营安全及秩序带来较大影响。电缆绝缘层由外至内腐蚀，产生白斑或鼓包，绝缘层被破坏，可能导致电气间隙和爬电距离减小，进而造成线间短接，引发空开跳闸或信号紊乱，列车牵引、制动、开关门等部分功能丧失。

1.11.3 原因分析

通过对问题电缆进行检测，发现电缆白斑处磷（P）元素含量增大了 30～40 倍，主要原因为生产厂家为使线缆满足阻燃要求，在包扎线缆的编织网里添加了阻燃剂磷酸酯，在潮湿高温环境中磷酸酯阻燃剂与水反应生成磷酸等物质，并与电缆绝缘层中的氢氧化镁产生化学反应，生成磷酸盐附着在材料表面，在磷酸根的催化下，网管吸附的水将氢氧化镁从电缆中溶出，造成电缆强度大幅下降，甚至线路局部出现空洞，最终造成线缆绝缘层腐蚀。

1.11.4 控制措施

（1）设计方面，一是线缆选型增加线缆及编制网的材质分析，尤其是线缆绝缘层，充分预想可能产生化学反应的相关风险点，并禁止使用潜在问题产品，从根源上彻底避免此类编制网中阻燃剂与电缆绝缘层产生化学反应的问题；二是完善电缆、编织网相关技术条件，规范电缆、编织网采购及检验流程，并进行电缆全寿命周期可靠性研究，同时选用在轨道交通行业有成熟运用业绩的电气线缆及编制网产品；三是综合考虑电缆多种防护方式，并进行优劣性对比，选取最优方案。

（2）生产方面，增加高温高湿环境下（120℃以上饱和水蒸气环境）线缆及编制网匹配性耐久试验，确认长时间放置下编制网对电缆无损伤，电缆无白斑、鼓包现象产生，并提供详细试验报告。

1.11.5 整改效果

将线缆全部换型，使用橡胶软管及橡胶板替代原开口自卷编织网管，换型完毕后进行校线及耐压试验，并进行整车调试。换线过程中对于已经腐蚀的部位，先使用胶带对成束电缆进行缠绕，防止换线过程中腐蚀物脱落沾染而发生二次腐蚀，必要时清理整个走线路径。每个步骤完毕后须及时清理现场，防止碎屑等杂物损伤线缆或地板布，如图 1.26 所示。完成问题线缆更换及防护后，运营至今未再出现线缆腐蚀现象。

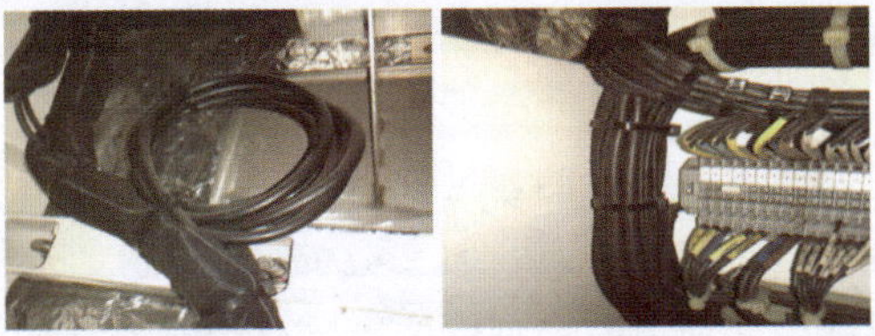

图 1.26 整改后的电缆情况

1.12 受电弓碳滑板溶胶、溢胶

1.12.1 现象描述

受电弓碳滑板的碳条与铝托架粘接位置，出现溶胶、溢胶，如图 1.27 所示。

图 1.27 受电弓溶胶、溢胶情况

1.12.2 影响及后果

碳滑板粘接层破坏将增加滑板电阻率，导致弓网受流不良。列车在大功率的牵引制动工况下，可能会出现受电弓滑板过热，严重的会烧损滑板内置气管引发正线异常降弓，从而导致车辆失去全部动力，给行车秩序带来较大影响。

1.12.3 原因分析

碳滑条与铝托架间粘接胶耐高温性能较弱（150℃），车辆运行时，碳滑板与导流线之间受到冲击时会瞬间离线造成拉弧，严重的持续引弧会造成碳滑板局部高温，可能造成粘接处过热脱胶。

1.12.4 控制措施

选用电阻率更低（<2 μΩ）、强度更高、磨耗率小的浸金属碳材质的滑板条以及碳铝粘接＋铝托架包边工艺，使用更加耐高温（180℃）的粘接胶材料对碳滑条与铝托架进行粘接，制作过程中对碳滑板在过流、高温条件下进行防溶胶、溢胶试验。

1.12.5 整改效果

统一换型后，弓网配合良好，未出现脱胶、溢胶的情况，碳滑板磨耗率无明显增加，如图 1.28 所示。

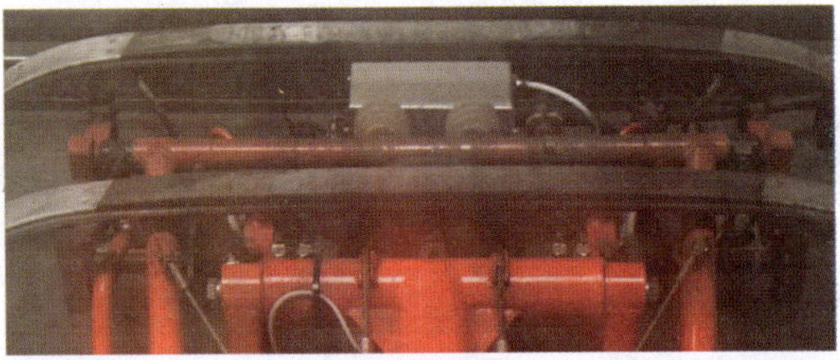

图 1.28 受电弓整改后

1.13 电客车溢流阀开启值超差

1.13.1 现象描述

电客车溢流阀开启压力设定值漂移，漂移较大时超出标准压力范围（650～690 kPa）。

1.13.2 影响及后果

（1）安全方面，溢流阀开启值偏大可能导致风源系统无法给空簧系统供风，转向架空气弹簧内压力低于车辆实际载荷需求，制动系统无法通过空气弹簧压力判断车辆实际载荷情况，从而无法施加与车辆载荷相匹配的制动力，降低了列车运行的平稳性，加大列车运行中的振动。

（2）行车方面，溢流阀开启值偏小，在空簧系统用风较大的情况下，可能无法及时通过溢流阀切断总风至空簧系统的供风通路，导致总风压力快速下降，触发紧急制动，影响列车运营。

1.13.3 原因分析

（1）设计方面，溢流阀采用膜板结构，稳定性较差，膜板有效受力面积以及弹簧力的变化都会使溢流阀的设定值产生漂移，较大时造成溢流阀开启值超差。

（2）生产方面，溢流阀弹簧在装配前未完全消除其内应力，装配后的弹簧力不稳定，易发生变化，导致溢流阀开启值超差。

1.13.4　控制措施

（1）设计方面，采用新结构的活塞式溢流阀，活塞为金属加工件，活塞上用于出气阀口密封的橡胶件采用灌胶工艺，在弹簧力作用下的变形量较小，不会因长期受力导致活塞底部与溢流阀下壳体进口腔的金属底面贴合，同时在压缩空气作用力下活塞不会产生变形，活塞底部受到的空气压力较膜板更为稳定可靠，如图 1.29 所示。

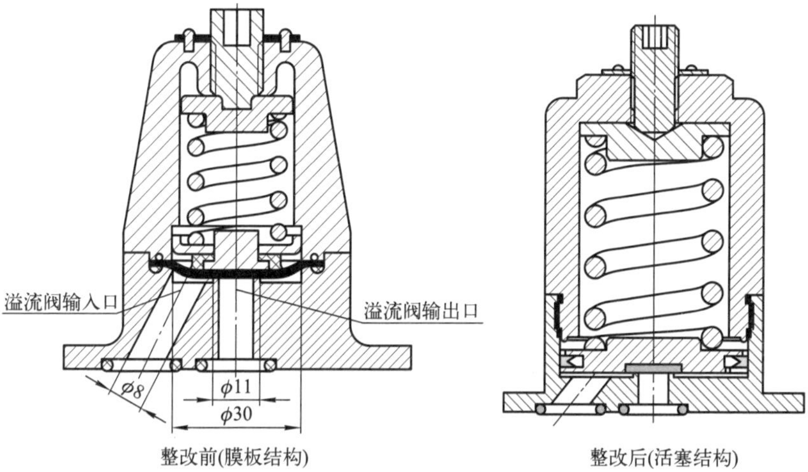

图 1.29　溢流阀整改前后对比

（2）制造方面，优化装配工艺，弹簧在装配前经过 24 小时压并处理，并进行全检。取消试验调压静置步骤，增加产品磨合试验，进一步确保溢流阀开启值稳定。

1.13.5　整改效果

将溢流阀换型为活塞式溢流阀，并跟踪测试溢流阀的开启压力值。换型后的溢流阀运用效果良好，开启压力值稳定，未再发生因溢流阀开启值偏大导致空气弹簧不能充风的问题。

1.14 电客车 EBCU 断电或故障导致制动缓解信号无法输出

1.14.1 现象描述

电客车 EBCU（电子制动控制单元）断电或内部部件故障，无法输出本车制动缓解的高电平，导致列车制动缓解环路不能建立、制动缓解信号无法输出。

1.14.2 影响及后果

网络模式下，牵引系统正常牵引的条件之一为收到制动缓解信号。因列车 TCMS 系统无法接收制动缓解信号并输出给牵引系统，导致网络模式下列车无法正常牵引，严重影响列车运营。

1.14.3 原因分析

制动缓解信号输出设计逻辑考虑不全面。全列车制动缓解信号获得方式为：当制动缓解（包括空气制动和电制动）时，每辆车的 EBCU 输出高电平，驱动本车制动缓解继电器闭合其常开触点（3，11），各车的制动缓解继电器常开触点（3，11）串联形成列车制动缓解环路，最终驱动列车制动缓解继电器得电，输出制动缓解信号，如图 1.30 所示。因采用常开触点、高电平输出控制的方式，当 EBCU 因断电或内部部件故障无法发出高电平，将导致列车制动缓解环路不能建立、制动缓解信号无法输出。

1.14.4 控制措施

做好制动缓解信号输出的逻辑分析，并确定最优的逻辑控制方案，避免对后续运营造成较大影响。列车制动功能调试中，充分考虑各种故障工况，验证各种故障情况下对行车的影响，并进行优化研究。

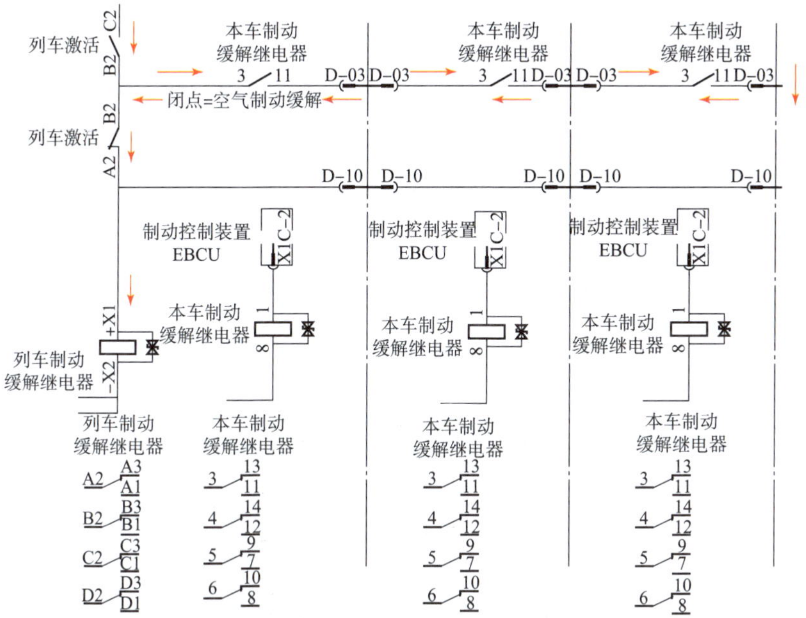

图 1.30 列车制动缓解环路电路图

1.14.5 整改效果

（1）进行制动缓解信号硬线整改，将串入列车制动缓解环路的各车制动缓解继电器的常开触点（3，11）改为常闭触点（3，13），与原有电路逻辑相反，即由原 EBCU 高电平输出建立列车制动缓解环路，变为 EBCU 低电平输出建立列车制动缓解环路。

（2）升级制动系统 EPC 软件版本。软件修改内容：将 EBCU 原 D0 输出的“空气制动缓解”改为“制动施加”，即由原制动缓解输出高电平改为制动施加输出高电平，当空气制动缓解或者两个隔离塞门同时切除，而且无电制动时，“制动施加”信号输出低电平。当车辆发生制动缓解不良故障，对 2 个转向架隔离塞门进行隔离处理后，EBCU 优先判定该车制动已缓解，制动缓解不良的故障可以正常通过 MVB 协议报出，但硬线制动缓解不良信号输出为低电平。

按以上方案做好整改软件升级后，在 EBCU 断电或内部部件故障的情况下，EBCU 输出的是低电平，列车制动缓解环路保持建立，消除了缓解信号丢失的安全隐患，效果良好。

1.15 司机室送回风单元变压器短路烧损

1.15.1 现象描述

司机室送回风单元变压器线圈绕组绝缘受损，导致变压器发热短路烧损，如图 1.31 所示。

图 1.31 变压器线圈短路烧损

1.15.2 影响及后果

司机室送回风单元变压器烧损后产生大量烟雾，影响司机正常驾驶，严重时甚至可能引发火灾，对司乘人员人身安全及列车运营安全造成较大影响。

1.15.3 原因分析

（1）设计方面，变压器原边电源控制方式存在缺陷，通过继电器触点进行控制，在送风单元万转开关由“低速”切换至“停止”位时，原边电源通、断状态瞬间变化造成冲击电压偏大，对变压器线圈绝缘薄弱处造成冲击，如图 1.32 所示。变压器原边未设置熔断器，导致无法第一时间断开电气回路进行保护，造成大量烟雾产生并进入司机室。

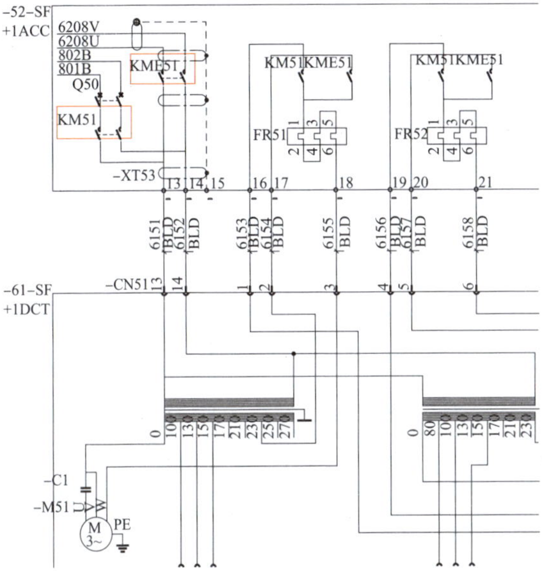

图 1.32 变压器原边由继电器触点控制通断

（2）生产方面，变压器存在工艺质量缺陷，线圈绝缘处理较差，在司机室送风单元万转开关由“低速”位切换至“停止”位产生的冲击电压下，变压器绕组漆包线匝间压差较高的位置绝缘层逐渐被破坏，最终造成短路烧损。

1.15.4 控制措施

（1）变压器选型须完成绝缘耐压测试、温升测试、负载通断冲击寿命测试、防火测试等相关试验。

（2）对变压器原边电气控制回路进行优化，将连接至开关“停止”位并用于控制送回风单元变压器原边电源通断的继电器线圈接线取出，进行绝缘处理，使变压器原边始终处于 AC 380 V 持续供电状态。优化后司机室送风单元控制开关仅对变压器副边回路通、断进行控制，可有效避免变压器原边电源通、断时产生冲击电压偏大的问题。如图 1.33 和图 1.34 所示。

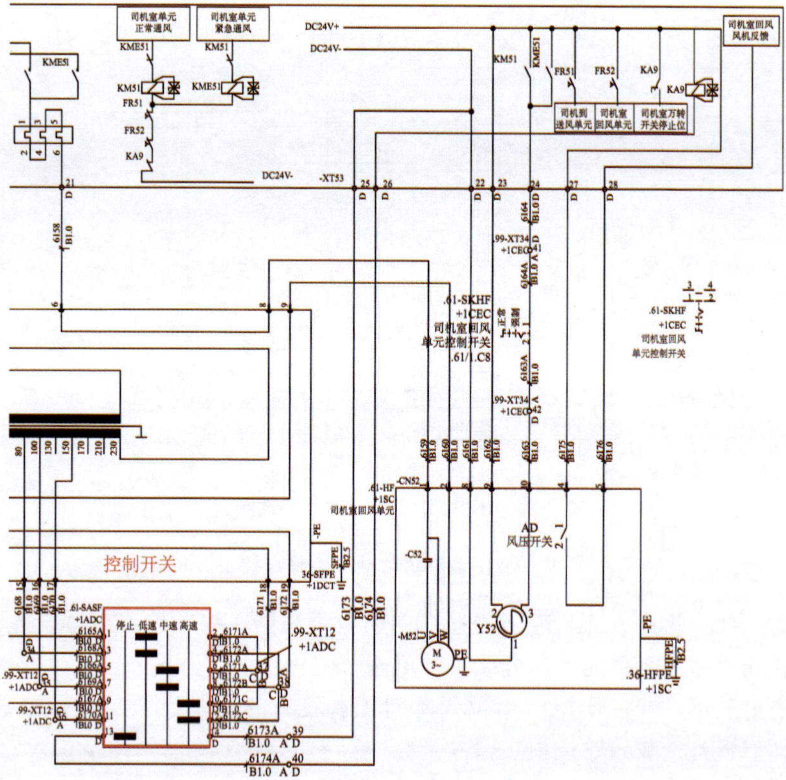

图 1.33　优化前电气原理图

（3）在司机室送回风单元变压器原边 AC 380 V 回路上增设 1.25 A 的熔断器，变压器异常时通过熔断器进行保护，确保即使变压器损坏也可及时切断电路，避免大量烟雾产生，如图 1.35 所示。

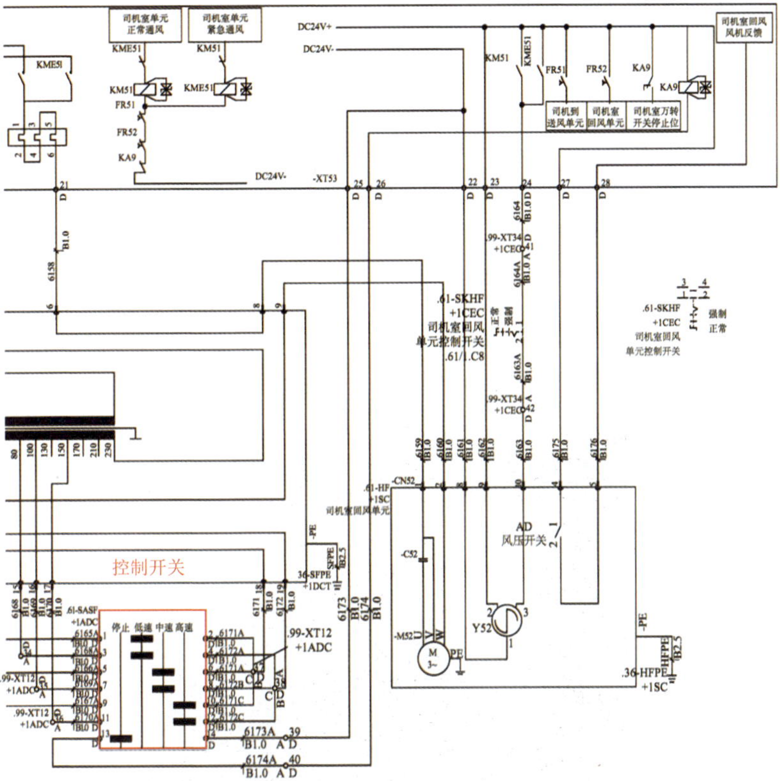

图 1.34 优化后电气原理图

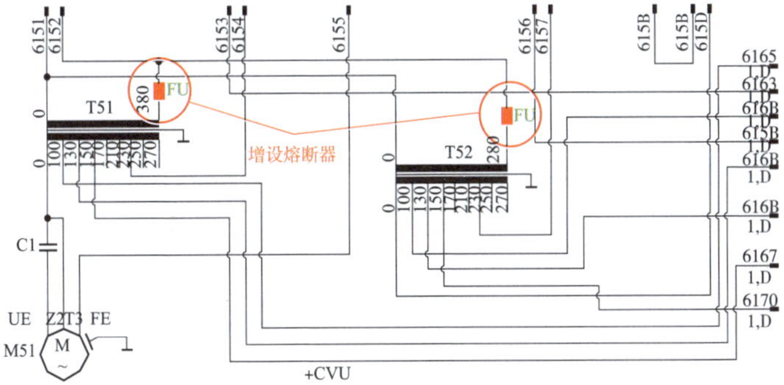

图 1.35 变压器原边增设熔断器

（4）优化变压器安装位置，将变压器从风道内移出，避免极端情况下出现烧损时烟雾通过风道进入司机室。

1.16 电客车轮径差超限

1.16.1 现象描述

电客车轮径差超限，网络发给牵引系统四个动车的参考轴（2轴）轮径值由 840 mm 跳变成 776 mm，导致与其他轴轮径值（840 mm）的偏差超过 12 mm，如图 1.36 所示。

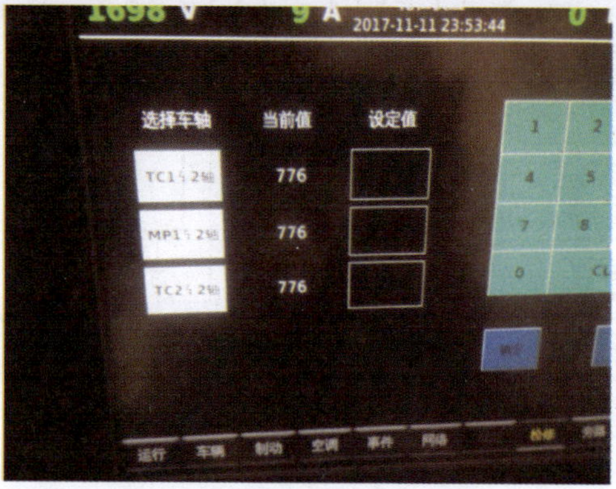

图 1.36 电客车轮径差超限

1.16.2 影响及后果

电客车轮径差超限可能导致全列车牵引封锁且无法复位，造成清客、列车救援。

1.16.3 原因分析

（1）采用每列车指定四根参考轴（每节动车一根）作为轮径参考轴，校验逻辑存在导致列车无法牵引的风险。车辆轮径值数据主要用于车辆镟轮后对非测量轴进行轮径校准。通过对牵引逻辑进行分析，在列车运行过程中网络系统一直发送预先设置的轮径值给牵引系统，在满足速度超过 40 km/h 并处于惰行位等一系列条件时，牵引系统会对轮径值进行校验，并将牵引系统自身的校验值（如未校验成功则使用上一次校验值）与网络发送的轮径值进行实时比较，如果轮径差值超过 8 则会在人机界面显示屏（HMI）上报出“牵引系统轮径差值高”故障，同时降低故障车牵引力输出，当轮径差值超过 12 时会报出“牵引系统无有效轮径值”故障，并对故障车牵引变流器（MCM）进行软关断。

（2）牵引系统存在两种轮径校验方式，导致校验结果差异。轮径校验有两种方式，一种是轮径值改变后速度的变化相比参考轴速＜1%，为慢积分校验；另一种为轮径值改变后速度变化相比参考轴速＞2%，为快速积分校验。上述情况，轮径从 840 手动改为 825，在轮径校验过程中，同一个时间点每个轴速度值不会完全一致，变化的大小不一样触发了不同的校验方式，导致瞬间校验的轮值差值较大。

1.16.4　控制措施

（1）变更参考轴，由原来每列车指定四根参考轴（每节动车一根），修改为仅指定 MP1 车的 2 轴为参考轴。当轮径差小于 8 时，MP1 车收到的参考轴轮径值为当前设置轮径值，参考轴号为 2（有效），轮径有效位为 1（有效），M1、M2、MP2 车收到的参考轴轮径值为 0，参考轴号为 0，轮径有效位为 1，只有当参考轴号和轮径有效位同时有效时，牵引系统进行轮径校准。当轮径差大于 8 时不进行轮径校准，并报轮径值超限故障提示。当轮径差大于或等于 8 时，牵引系统 MP1 车收到的参考轴轮径值为当前设置轮径值，参考轴号为 2，轮径有效位为 0，M1、M2、MP2 车收到的参考轴轮径为 0，参考轴号为 0，轮径有效位为 0，牵引系统不进行轮径校准。

（2）修改牵引系统轮径校验方式。默认参考轴轮径为 840，除非维护人员输入其他不同值。

1.16.5 整改效果

对原有的轮径校准逻辑进行优化：将原 VCU 发送的预设轮径信息的对象由本列车所有牵引系统，优化为仅向 MP1 车发送，其余车牵引系统不发送预设轮径信息，同时优化牵引系统轮径校准逻辑。完成所有列车的网络、牵引系统软件升级后，未再报轮径差超限故障，整改效果良好。

1.17 司控器主手柄卡滞

1.17.1 现象描述

司控器主手柄卡滞在牵引或制动级位，无法退回到“0”位，导致方向手柄无法回“0”位，主控钥匙无法拔出。

1.17.2 影响及后果

司控器主手柄卡滞造成列车不能继续运行。主手柄卡在非“0”位，由于司控器的主手柄、方向手柄、主控钥匙具备有互锁功能，主手柄卡死不能回“0”位会造成方向手柄及主控钥匙都无法动作，主手柄也不能在牵引、制动级位间互相转换，车辆不能进行其他操作，造成列车不能继续运行。

1.17.3 原因分析

司控器主手柄旁速动开关（警惕作用）上的小磁铁掉落在主手柄棘轮之间，致使司控器无法动作。由于司控器主手柄下部的棘轮（材质为 45 钢）与相邻的速动开关（主手柄警惕作用）上的吹弧磁铁（用胶水粘贴在开关侧面）距离较近，约为 5 mm，造成主手柄的棘轮与速动开关吹弧磁铁之间始终存在吸力，吹弧磁铁一旦出现粘合不牢的情况，将会发生脱落。若吹弧磁铁掉落后吸附在主手柄棘轮之间，可致使司控器主手柄卡死无法动作，如图1.37所示。

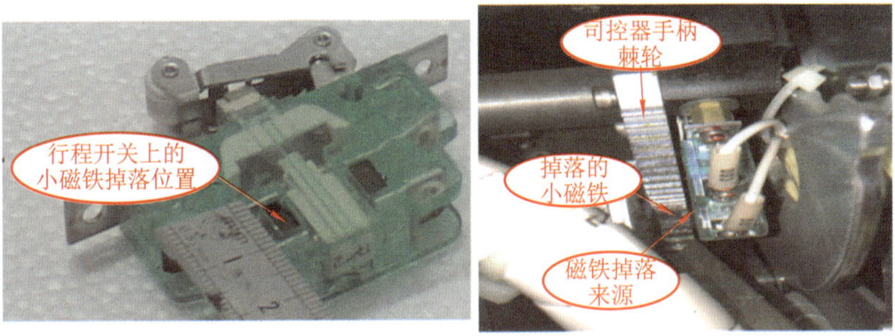

图1.37　司控器手柄内部及速动开关

1.17.4　控制措施

一是选用不带磁铁的司控器型号，因该速动开关额定电流为0.5 A，而用于此处实现警惕功能的此开关的实际工作电流仅为45 mA，如果采用开关性能参数相同的无磁吹装置的速动开关，无磁吹装置的速动开关在110 V电压下的分断能力为0.4 A，完全适合此时的工况。使用不添加用于强化引弧灭弧功能的磁铁的速动开关完全可以满足其工作性能要求。二是将司控器其他位置的速动开关并排安装在一起，开关之间的间隙小于1 mm，即使速动开关的磁铁松动也不会脱落，只有并排开关最外部的两侧的磁铁有脱落的可能，但其位置距离齿轮较远，不会出现磁铁脱落吸引到齿轮上的情况，不需要更换其他位置的速动开关。

1.17.5　整改效果

将列车司控器该位置的行程开关全部更换为不带吹弧磁铁的型号，整改后司控器运用良好，无此类问题发生。

1.18 蓄电池温度误报

1.18.1 现象描述

电客车运行时出现蓄电池温度误报，误报温度达到100℃，超过标准50℃。

1.18.2 影响及后果

可能影响运营秩序及存在安全隐患。蓄电池温度误报无法准确监控蓄电池温度，若实际蓄电池温度超限，可能导致蓄电池烧损，严重将引起火灾。

1.18.3 原因分析

一是温度变送器故障导致传递给TMS系统的电压信号有误，TMS系统计算出的蓄电池温度错误，在DDU上显示蓄电池温度异常；二是蓄电池温度变送器安装位置不合理，位于有发热元件存在的蓄电池控制箱内，对温度变送器的检测造成影响。

1.18.4 控制措施

一是对温度变送器进行换型，更换为有滤波功能的新型号温度变送器，新型号温度变送器电源端口采用两级滤波措施，防止电源端口受过压、瞬态、辐射干扰影响，使温度变送器的工作电压在正常范围内。同时，信号端口增加瞬态干扰保护措施，防止车上恶劣环境在输出端对其产生干扰。二是将温度变送器安装位置进行变更远离发热元件，消除发热元器件对温度变送器的影响。

1.18.5 整改效果

一是在温度变送器的输入、输出端及信号端增加滤波装置，将温度变送器的输入、输出及信号端都增加滤波防护；二是对蓄电池温度变送器位置进行变更，温度变送器从蓄电池控制箱移到蓄电池箱内，将温度变送器移到未装蓄电池的台车内壁上。

1.19 车辆单元制动器不缓解

1.19.1 现象描述

车辆单元制动器未正常缓解，车辆抱闸运行，轮对轮缘发蓝，闸瓦表面烧损产生焦臭味。

1.19.2 影响及后果

影响列车停车制动精度，缩短车轮、钢轨使用寿命。单元制动器闸瓦与车轮踏面之间的摩擦使闸瓦与踏面接触面急剧升温，造成闸瓦表面烧损，同时，车轮与钢轨间产生滑行，造成轮轨异常磨损。

1.19.3 原因分析

单元制动器间隙调整器内部用于固定引导螺母的引导齿座挡边断裂引起单元制动器不能缓解。引导齿座未按设计材质Q235进行生产，实际采用45＃钢冲压制成。45＃钢材质零件不易做冲压工艺，引导齿座挡边冲压时易产生微裂纹等内部隐患，经长期运营导致齿座挡边疲劳受力断裂。如图1.38所示。

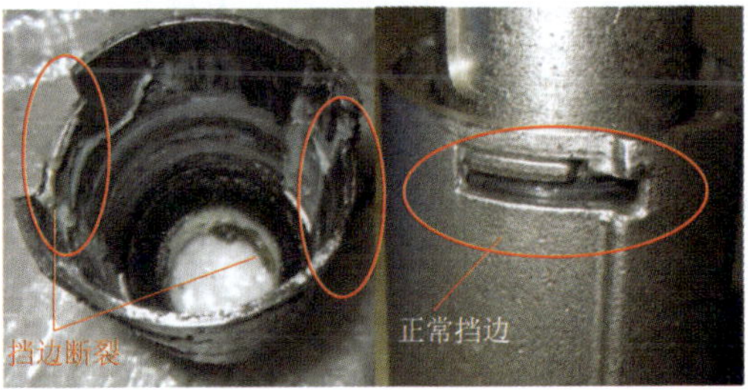

图1.38 新旧引导齿座对比

引导齿座挡边断裂后，安装在引导齿座内部的引导弹簧释放弹簧力，原本作用于引导齿座的内力变成外力，引导齿座端部始终贴紧调整后盖。制动时，螺杆往前伸出，带动闸瓦托动作使闸瓦贴紧车轮，同时向前拉动引导螺母使其与引导齿座之间的齿圈啮合分离，在引导弹簧的作用力下，引导螺母相对螺杆向后旋出，直至与引导齿座的齿圈重新啮合；缓解时，因螺杆是向后的作用力，引导螺母与引导齿座之间的齿圈保持啮合，限制了引导螺母的旋转运动，使引导螺母与螺杆之间无法轴向位移，螺杆不能向后运动，最终导致单元制动器不能缓解。如图 1.39 所示。

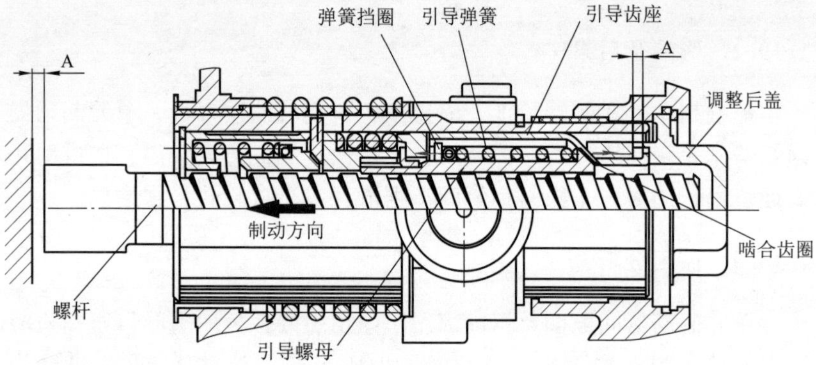

图 1.39 间隙调整器处于缓解位置图

1.19.4 控制措施

制造过程中加强原材料的入场管理避免出现混料的情况，严格采用 Q235 原材料加工制造引导齿座。引导齿座加工采用前期为管料加工，中期为冷压，后期为铣孔，在整个过程中不对零件的强度产生影响。

1.19.5 整改效果

将单元制动器的引导齿座全部更换为 Q235 材质齿座，整改后单元制动器动作良好，未再出现引导齿座挡边断裂导致单元制动器无法正常缓解的情况。

1.20　司控器、前照灯工作异常

1.20.1　现象描述

雨刮器和喷淋电机启动时，前照灯闪烁，长期使用后，出现司控器牵引制动百分比误差过大的故障。

1.20.2　影响及后果

司控器、前照灯工作异常影响行车安全及牵引制动控制。一是前照灯闪烁，不利于司机观察前方轨行区状况，对行车安全有一定影响；二是牵引制动百分比误差过大，将对手动驾驶模式的牵引制动控制造成影响，严重时将导致司控器出现电位计烧损，司控器控制失效。

1.20.3　原因分析

通过对不同设备投入情况下的电压监测发现，24 V 供电电源工作正常平稳，电压输出稳定，而在雨刮器、喷淋电机启动时，前照灯和司控器的电压均会出现异常的大幅波动，超出前照灯和司控器的正常工作电压要求，如图 1.40 和图 1.41 所示。

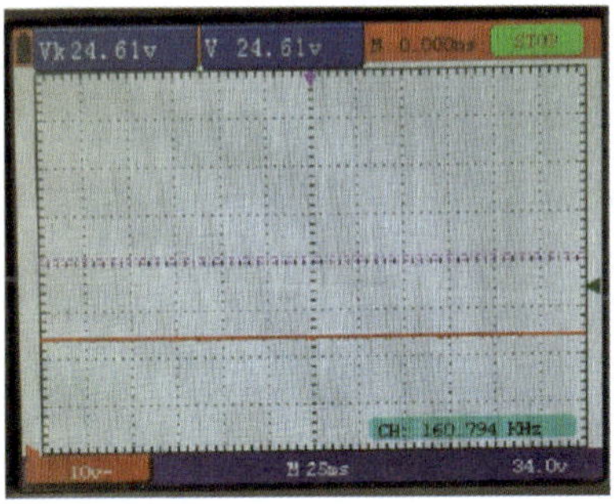

图 1.40　正常情况下司控器的输入电压

电路中并联电机产生感性负载引起的电压波动是导致前照灯闪烁和牵引百分比误差过大的根本原因。电路设计时直接将 3 个直流 24 V

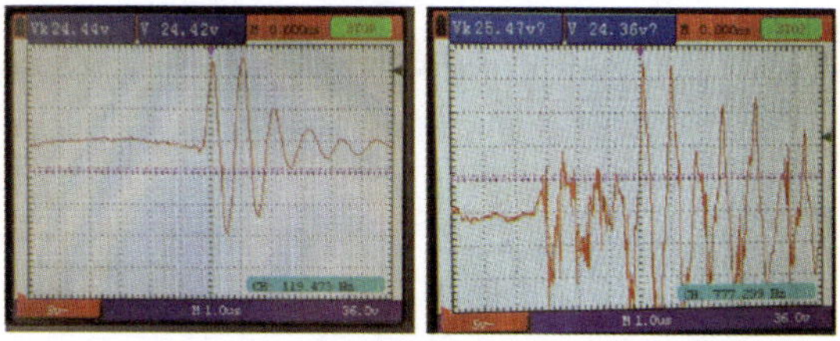

图 1.41 启动雨刮器和喷淋电机时司控器的输入电压

电源模块并联后同时为雨刮器、前照灯、司控器供电。这样的电路设计，虽然增大了电源冗余度，但未充分考虑感性负载的特性及对普通负载的影响。感性负载反电势的基波分量以及其他的高次谐波由于互差 1 200 而互相抵消，而三次谐波及三的奇数倍次谐波由于同向会导致叠加，对电路产生瞬时冲击。前照灯、司控器为电路中的常用电设备，在雨刮器和喷淋电机启动时，采集到的峰值电压达到 38 V 以上，谐波冲击对前照灯和司控器电位计造成严重的不良影响。如图 1.42 所示。

此外，设计未考虑司控器等重要紧密设备在供电电路及设备本体的电压冲击保护功能，导致电压波动直接作用在精密器件上，造成输出异常和器件损伤也是司控器牵引制动百分比误差过大的原因。

1.20.4 控制措施

一是雨刮器动作电机和喷淋电机启动电路设计应充分考虑感性谐波冲击对其他敏感设备造成的影响，合理分配电源模块，考虑为感性负载单独供电；二是对于精密器件及重要设备，应在供电电路中考虑设置合理的电压冲击保护模块。

1.20.5 整改效果

将直流 24 V 电源模块采用两个并联、一个单独供电。两个并联模块为司控器、前照灯提供直流 24 V 电源，一个单独模块为雨刮器供电。整改后未发现因雨刮器启时导致前照灯闪烁、司控器百分比误差过大的故障。如图 1.43 所示。

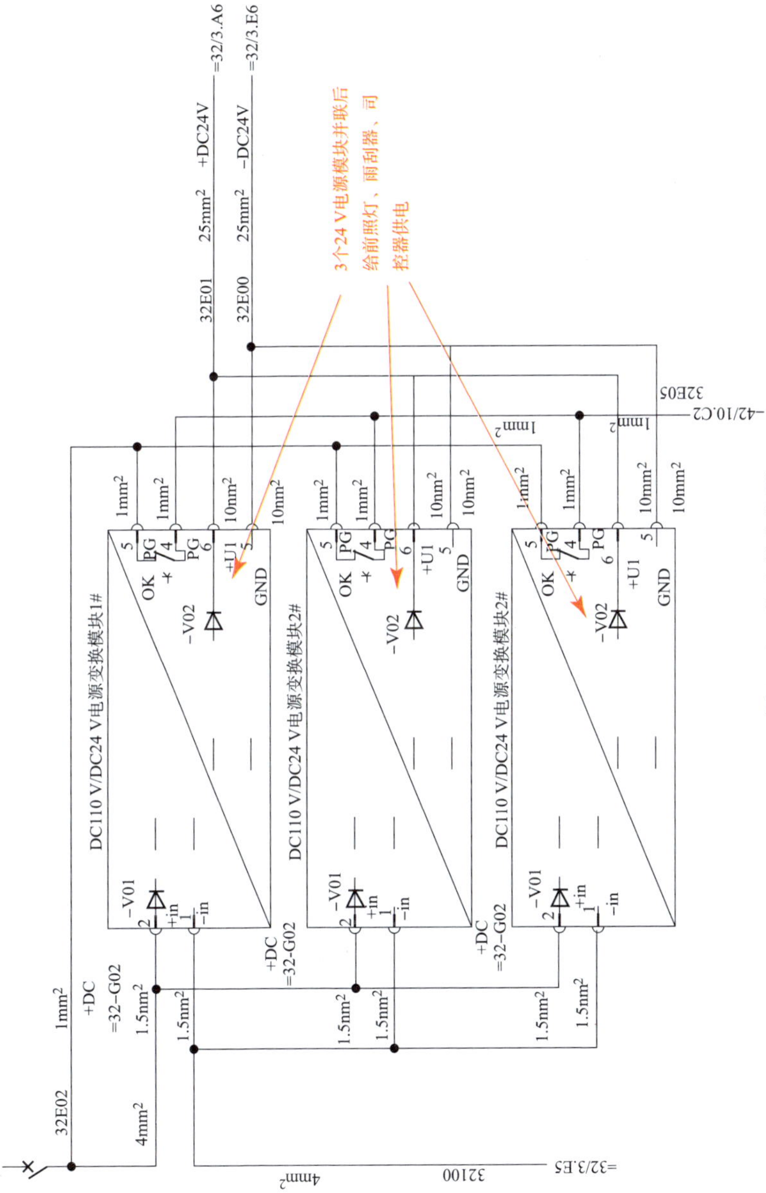
3个24 V电源模块并联后给前照灯、雨刮器、司控器供电
DC110 V/DC24 V电源变换模块1#
DC110 V/DC24 V电源变换模块2#
DC110 V/DC24 V电源变换模块2#
+DC24V
−DC24V
=32/3.A6
=32/3.E6
32E01
32E00
32E02
32E05
32100
=32/3.E5
−42/10.C2
+DC
=32−G02

图 1.42 整改前电路图

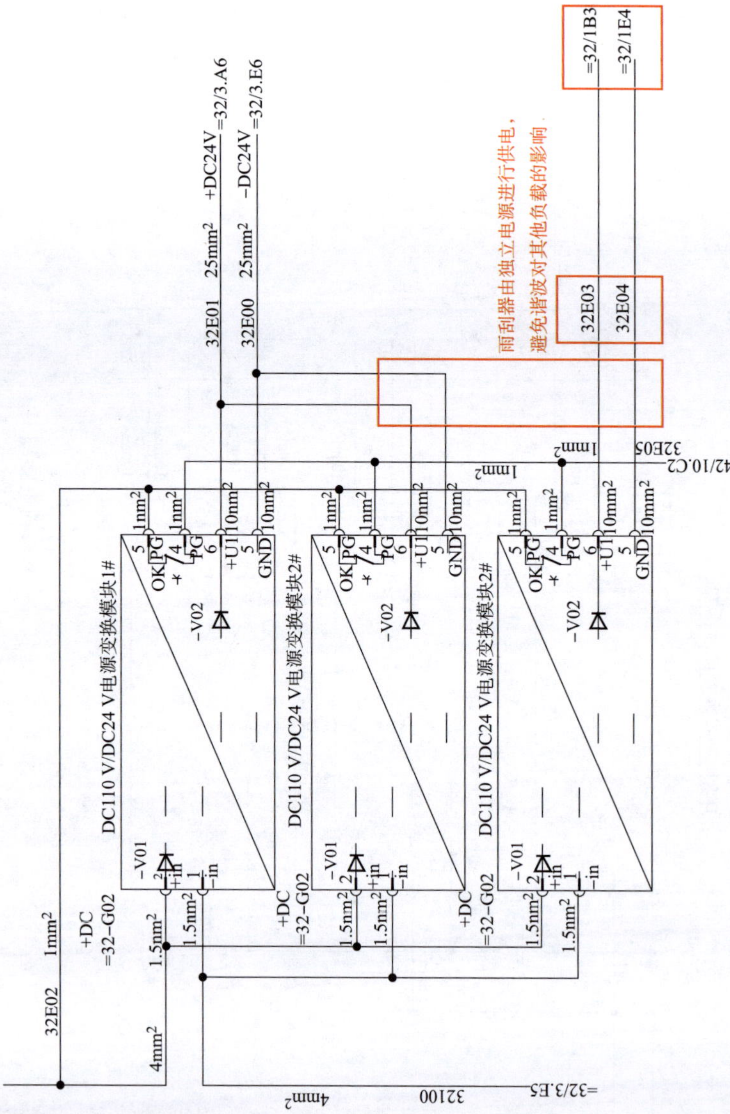

=32/1B3
=32/1E4
雨刮器由独立电源进行供电，
避免谐波对其他负载的影响
32E03
32E04
+DC24V =32/3.A6
-DC24V =32/3.E6
32E01 25mm2
32E00 25mm2
32E05 1mm2
-42/10.C2
DC110 V/DC24 V电源变换模块1#
DC110 V/DC24 V电源变换模块2#
DC110 V/DC24 V电源变换模块2#
+DC =32-G02
32E02 1mm2
4mm2
32100 4mm2
=32/3.E5

图 1.43　整改后电路图

1.21 受电弓异常降弓

1.21.1 现象描述

受电弓升起后，其自动降弓装置（ADD）压力开关被误触发，导致列车ADD保护自动降弓。

1.21.2 影响及后果

（1）行车方面，ADD压力开关被误触发导致受电弓自动降弓的问题通常出现在列车出库准备过程中，直接影响列车出库运营和正常发车秩序。

（2）设备维护方面，带负载降弓将对辅助逆变器、用电设备等带来冲击，并造成弓网拉弧，对碳滑板和接触网有一定损害，增大了现场更换工作量和检修成本。

1.21.3 原因分析

自动降弓装置（ADD）是列车的一种保护装置，当发生弓网故障造成碳滑板断裂或磨损到限时，会导致控制管路内的气压下降，ADD装置检测到气压变化超过设定值后触发降弓动作，从而使受电弓快速脱离网线，避免弓网的进一步损伤。受电弓控制中设置的ADD压力开关，用于检测控制管路中的气压值，在按压升弓按钮规定时间内，气压如未达到压力开关动作值，升弓自保持将失效，导致受电弓降弓。如图1.44和图1.45所示。

一是自动降弓装置预设动作值、复位值不合理。该线路车辆ADD压力开关设定的动作值为（3.4±0.3）bar，动作偏大，导致部分受电弓在设定的延时范围内无法达到动作压力，进而发出ADD故障信号，引发后续的连锁控制，升弓电磁阀失电，受电弓自动降下。二是压力开关选型不合理。该型压力开关的精度为±0.3 bar，若受

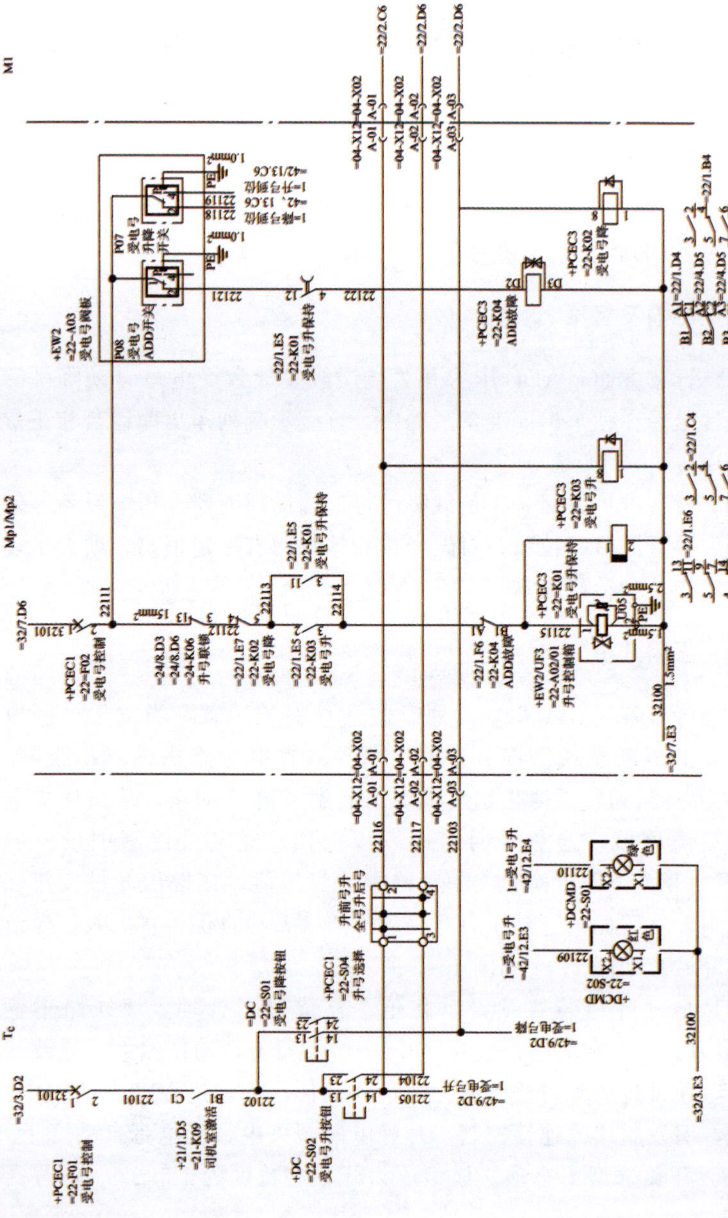

注 列车线采用1.5mm²电线，未注为1.0mm²电线。

图 1.44 受电弓控制原理图

到外界环境的影响，压力开关的实际动作值可达 3.7 bar，导致各个 ADD 压力开关动作时间个体差异大。三是未进行充分验证。列车出厂前，未结合实际使用环境对压力开关动作值及复位值的设定进行充分考虑验证。

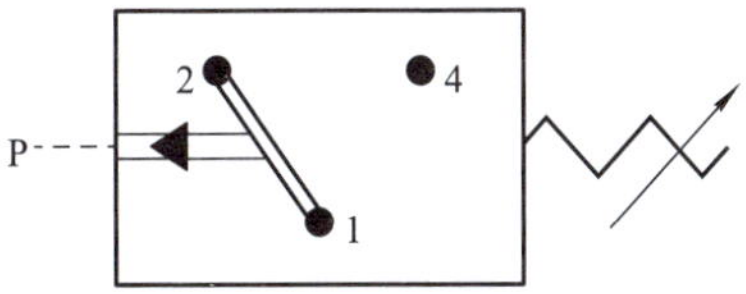

图 1.45 压力开关

1.21.4 控制措施

一是结合现场情况，在不改变车辆设定延时时间的基础上，优化受电弓 ADD 压力开关的动作值及复位值；二是对调整动作值及复位值的压力开关进行充分验证，确保在现场不出现其他衍生问题。

1.21.5 整改效果

优化调整受电弓 ADD 压力开关的动作值及复位值，将压力开关的动作设定值由 3.4 bar 调整为 3.1 bar，复位值由 2.8 bar 调整为 2.7 bar。整改后未再出现受电弓升起后自动降弓的现象。

1.22 升弓保持继电器电路板异常发热

1.22.1 现象描述

受电弓的升弓保持继电器内电路板温度异常升高，出现发黑现象，如图 1.46 所示。

图 1.46 发黑的升弓保持继电器内部电路板

1.22.2 影响及后果

电路板温度异常可能造成单弓运行甚至双弓故障，导致救援。由于采用自保持方式控制受电弓升起，当升弓保持继电器故障后，将导致受电弓异常降弓，造成列车在正线单弓运行，极端情况下引起双弓故障，导致救援，严重影响正线行车。

1.22.3 原因分析

（1）设计方面，升弓保持继电器内电路板设电路设计不合理，导致通过电路板上稳压二极管和电阻的电流过大，发热量超出正常水平，最终导致内部电路板发黑。根据标准 IEC 60077-1、IEC 60571 及 EN 50155 中对继电器宽电压范围的要求，电压范围需保证在标准电压 70%～125%的变化范围内。该升弓保持继电器在设计时，为了保证继电器能在 DC 77 V～DC 138 V 范围和 DC 60 V～DC 90 V 范围正常工作，将继电器的电压范围扩大到 DC 60 V～DC 140 V，此设计的宽电压范围导致继电器参数设置时偏重于低电压的引用。此外，该继电器的额定工作电压为 DC 110 V，其延时控制电路的集成工作电压为 DC 12 V，故在集成电路中设置了稳压二极管和电阻进行降压和限流。现场测试发现，发黑继电器线圈的正向工作电压为 DC 124 V，继电器长期工作在额定电压的 110%下，由于其电路设计更加偏重于低电压的引入，因此导致通过二极管和电阻上的功耗较大，发热量超出正常水平，最终导致继电器电路板出现发黑。

（2）生产方面，列车出厂前未对继电器在不同工作电压下的电流、发热量等进行充分测试验证。

1.22.4 控制措施

优化继电器内部电路。结合现场使用情况，充分计算继电器的工作电流以及持续工作时间等工况，考虑继电器的发热、散热情况，避免因高温影响设备使用寿命，优化继电器内部电路，减少通过二极管及电阻的电流，从而降低器件功耗和发热量，消除电路板发黑现象。对优化调整后的继电器电路板的发热量、电流等进行充分测试验证，确保优化到位。

1.22.5 整改效果

对升弓保持继电器内部电路进行优化，并调整继电器工作电压范围，减少通过二极管和电阻的电流，从而减少器件的发热情况，消除继电器电路板发黑现象。将原车的升弓保持继电器全部更换为整改后的继电器，更换后未出现继电器电路板发黑的现象。

1.23 受电弓弓角裂纹

1.23.1 现象描述

受电弓弓角焊缝位置出现裂纹，如图 1.47 所示。

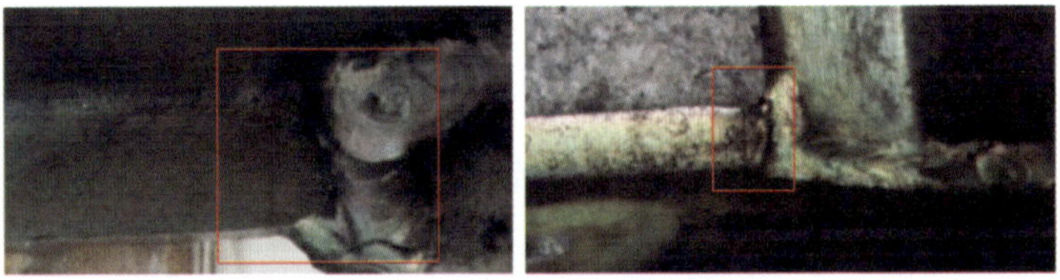

图 1.47 弓角裂纹

1.23.2 影响及后果

(1) 行车方面，可能导致高压接地、挂弓、弓角断裂掉落轨行区等安全隐患。弓角作为受电弓弓头装置的一部分与碳滑板一同与接触网接触。当弓角焊缝出现裂纹时，一是弓角断裂掉落在车顶，可能导致受电弓与车顶短接造成高压接地。二是列车在通过曲线、道岔等区域时存在挂弓风险。三是弓角断裂掉落在轨行区，影响行车安全。

(2) 设备维护方面，弓角出现裂纹将增加检修工作量，且弓头更换工作相对复杂，占用时间长，增加了人力与物料成本。

1.23.3 原因分析

(1) 设计方面，采用封闭式焊接弓角存在焊接内应力过大、固定点过多容易出现裂纹的问题。弓角采用 4 mm、3 mm、2.5 mm 碳钢材及 1.5 mm 壁厚的管材压型后进行焊接而成，托架采用 3 mm 板材压型为 L 型，与滑板支架焊接在一起，构成一个封闭的焊接弓角，如图 1.48 所示。弓角与碳滑板两端相连接，形成一组封闭的弓头，导致其焊接内应力过大。此外，弓角与碳滑板连接在一起后，与弓头弹簧悬挂系统连接在一起，形成了一个超静定结构，固定点过多，无法释放在使用过程中产生的弓网冲击应力，因此该结构长期运用后容易出现裂纹。

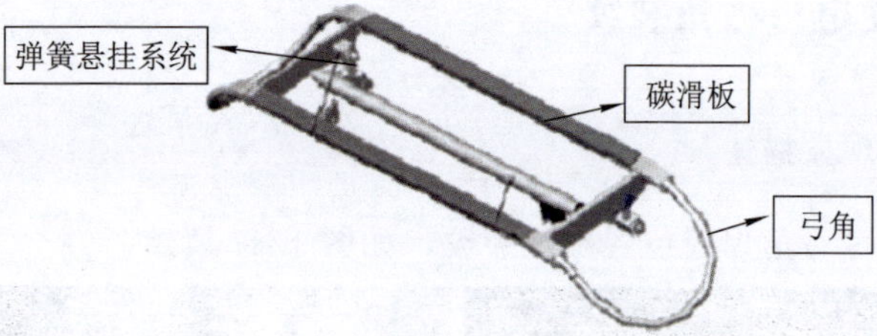

图 1.48 改造前弓头结构示意图

（2）生产方面，弓头焊工作业不细致，造成焊缝位置存在较深的咬边缺陷。焊缝边沿母材瞬时熔化过多而又未及时填满弧坑，同时焊接后未认真检查，未能及时将缺陷补焊填平。

1.23.4 控制措施

（1）设计方面，一是取消原有的封闭式焊接弓角，将弓角由封闭式结构改为开放式结构，避免组装过程中的连接点过多导致的超静定连接型式，与托架、弹簧元件的连接改为螺栓连接，如图 1.49 所示。二是更换弓角材料，将原有的不锈钢材料更换为铸造铝合金材料，提高机构强度，同时避免焊接过程中的应力产生，减轻弓头重量，改善弓网冲击。

图 1.49 改造后弓头机构示意图

（2）设备维护方面，新弓角在装车使用前，一是全面进行仿真分析，确保应力值符合现实使用；二是在厂内进行疲劳试验，确保新弓角的可靠性。

1.23.5 整改效果

对弓角结构及其连接方式进行改进，开放式弓角已应用于部分运营电客车上，效果良好，至今未出现弓角裂纹的现象。

1.24 制动系统常用电磁阀卡滞

1.24.1 现象描述

制动系统常用电磁阀卡滞，导致列车在牵引过程中发生制动不缓解故障。

1.24.2 影响及后果

（1）行车方面，电磁阀卡滞处置时间长可能造成列车晚点。运行过程中出现电磁阀卡滞，将导致ATO模式降级，司机处置过程中需进入客室切除单节车制动塞门，处置时间长，易造成列车晚点，影响行车组织。

（2）设备维护方面，制动不缓解故障具有批量特性，故障处置需大量备件，生产成本难以控制，如集中爆发，容易引起交车不足的情况。

1.24.3 原因分析

电磁阀设计、选型不合理，未达到规定使用寿命。一是设计未充分考虑车辆实际运用情况，对于铁芯动作次数估算不充分，导致电磁阀在未达到规定使用寿命的情况下，电磁阀可动铁芯（排气侧）表层出现剥离，使得电磁阀可动铁芯的动作受阻引起电磁阀卡滞，进而造成制动不缓解，如图1.50所示；二是电磁阀表面处理工艺不满足要求，厂家仅对原有电磁阀进行了30万次耐久性试验，对铁芯使用寿命验证不充分。

1.24.4 控制措施

一是改进铁芯制造工艺，在 RV 侧可动铁芯的表面处理之前增加底层喷砂处理，增加表面处理的贴合面积，增大表面处理材料的附着能力，大幅提高铁芯动作寿命，如图 1.51 所示；二是对新设计的电磁阀进行 300 万次的耐久试验，验证使用寿命是否满足设计要求。

图 1.50 铁芯表面剥离

图 1.51 整改后的铁芯

1.24.5 整改效果

采用新工艺生产的常用电磁阀批量替换原有电磁阀，整改后未再出现制动不缓解故障，整改效果良好。

1.25 制动系统辅助控制箱单向阀破损漏风

1.25.1 现象描述

制动系统辅助控制箱内单向阀堵头破裂，产生严重漏风，如图 1.52 所示。

1.25.2 影响及后果

单向阀设置于列车总风管与车辆制动风缸之间，起着连通总风和车辆制动管路的作用，同时避免车辆制动用风倒流向总风管。

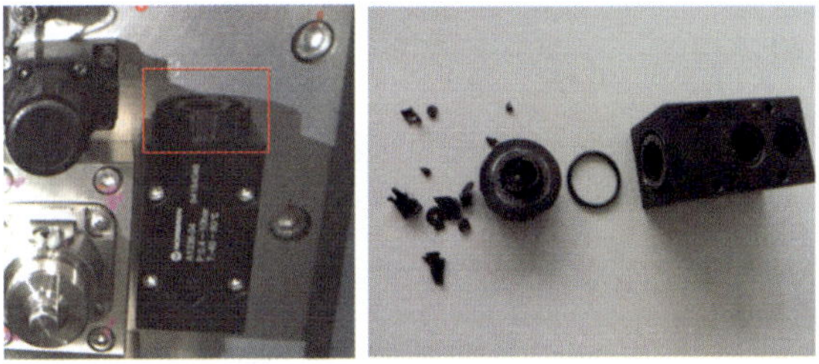

图 1.52　单向阀堵头破裂

(1) 行车方面，辅助控制箱内单向阀堵头破裂导致总风异常排风，严重时造成列车总风压力不足，列车产生紧急制动，不能正常缓解，如果发生在正线将造成列车救援。故障发生在库内则将导致换车，影响正常发车秩序。

(2) 安全方面，若在检修人员检查制动辅助控制箱时发生破裂，破裂的塑料堵头及高压风冲击有可能导致人身伤害事故。如图 1.53 所示。

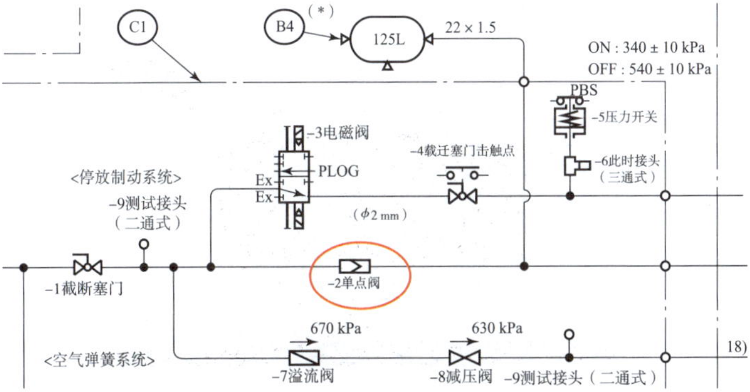

图 1.53　制动系统气路原理图中单向阀位置

1.25.3　原因分析

单向阀堵头选用材质不合理。设计未充分考虑现场使用条件及风压大小，对单向阀堵头材质及抗压能力未充分进行试验，选用注塑件作为单项阀堵头，材质为酚醛树脂，材料强度无法满足车辆风压超过 900 kPa 的运用要求，堵头在高压作用下容易发生变形、裂纹、破裂等情况。

1.25.4　控制措施

（1）设计方面，单向阀等阀件在结构设计时，应充分考虑使用环境条件、压力大小及材质等因素，并进行相关试验，确保阀件满足现场使用需求。对于制动系统等关键系统部件，在结构强度、部件可靠性方面应具有较大余量，以确保整车系统安全性和可靠度。

（2）生产方面，单向阀在制造过程严格执行 QJ 1142A—2008《气体单向阀通用规范》，进行耐压能力验证，单向阀应能承受 1.5 倍公称压力，保持 5 min，阀体等结构件不应发生明显变形或破坏，内漏、外漏应满足图样要求[4]。

1.25.5　整改效果

对所有单项阀进行整改，将酚醛树脂堵头更换为铜质金属堵头，整改后未再出现堵头破裂的问题，如图 1.54 所示。

图 1.54　单向阀堵头破裂整改后

1.26　制动缓解灯指示错误

1.26.1　现象描述

当车辆处于制动状态时，制动缓解指示灯仍然处于常亮的状态，影响司机对制动状态的判断。

1.26.2　影响及后果

（1）行车方面，制动缓解灯指示错误影响司机对制动状态的判断。制动缓解指示灯作为制动缓解与否最直观的判断点，若其不能正确反映列车的制动缓解状态，正线列车运行时将会直接影响司机对制动状态的判断，从而可能影响列车对标，严重时可能会导致全线晚点。

（2）设备维护方面，制动缓解灯指示错误可能导致其他故障无法检出。制动缓解灯亮灭与否在多项检查项目、试验项目中作为判断依据，若由于逻辑错误导致制动缓解灯不能正确反映列车制动状态，将直接影响列车检修，显示错误的试验结果，严重时某些实际存在的故障可能由于制动缓解灯的异常显示导致无法检出。

1.26.3　原因分析

一是设计阶段未充分考虑制动控制逻辑及接线原理，当主控手柄处于制动级位时，制动缓解指示灯仍然处于常亮的状态，当主控置于制动级位时，EBCU 不会发出制动缓解不良信号，因此制动缓解继电器不会得电，其一对触点 C2、C3 始终处于常闭状态，制动缓解灯一直常亮；二是厂内静态、动态调试中对制动缓解灯的检查均未发现制动缓解灯异常的问题。

1.26.4　控制措施

（1）设计方面，一是主机厂在初期设计阶段应联合其他系统供应商充分研究包含制动程序在内的各项软件程序的各项逻辑，做好逻辑控制及电气原理图设计；二是在初期设计阶段可以参考对比既有线列车各主要系统的控制逻辑、实际运用情况以及地铁公司主要系统的运用情况，选取适合当前线路的最优方案。

（2）生产方面，针对厂内调试人员进行集中培训，对于各项调试项目的检查核对必须认真负责，对于异常调试结果需及时汇报整改；主机厂安排专人对重点调试项目进行复查复试，及时发现异常。

1.26.5 整改效果

通过改变制动缓解指示灯控制电路，使用各节车制动缓解继电器常开触点串联驱动制动缓解指示灯，确保全列车制动缓解的情况下指示灯点亮，任一辆车制动处于未缓解状态，该灯熄灭，达到指示全列制动缓解状态的作用，利于司机判断列车状态。

1.27 空调冷凝风机异常

1.27.1 现象描述

列车冷凝风机转动时异响，手动转动冷凝风机风叶时伴有卡滞、异音且振动大。

1.27.2 影响及后果

（1）客服方面，冷凝风机故障可能造成客室温度升高，影响客服质量。冷凝风机故障会导致热保护继电器跳断，冷凝风机停止工作，压缩机连锁停机，进而导致空调机组不能制冷，客室温度升高，对客运服务质量有较大影响。

（2）维保生产方面，空调冷凝风机故障处置工作量大、成本高。故障处置需接触网断电，并登顶作业，电机更换后还需利用车外电源进行运转试验，流程复杂，影响正常的维保生产组织。冷凝风机批量性的电机轴承问题需要大量备件进行更换，物料采购成本高。

1.27.3 原因分析

一是冷凝风机在生产过程中质量卡控不到位，造成转子冲片叠压时严重鼓起，有异常切削痕迹，轴的表面有拉伤；二是轴承、油脂的选型不满足使用设计要求。如图 1.55 所示。根据正常空调机组运行工况，对于上出风的空调机组配套的冷凝风机空气温度一般不高于55℃，电机的温升在 55℃以内，因此最高温度约为 110℃，但车辆在站台停靠期间，空调机组冷凝出风无法扩散，造成温度快速上升，短时间电机最高温度可能超过许用范围，引起轴承内部油脂润滑性能变差，使轴承温升进一步增加，加速轴承磨损，长时间运用后轴承损坏，造成冷凝风机故障。

(a) 转子冲片鼓起　(b) 转轴撕裂拉伤

(c) 转子变黑　(d) 轴承缺油脂图

图 1.55　冷凝风机故障

1.27.4　控制措施

一是结合线路实际运用情况，选择合理的出风方式，同时选择匹配的风机轴承、油脂等零部件，提高系统总体性能和可靠性；二是严格控制生产过程。首先冷凝风机各零配件按要求进行包装保存，避免轴承油脂变质，其次冷凝风机的组装符合要工艺要求，避免出现安装错误，最后手动检查组装好的冷凝风叶片无晃动，目视耳听检查冷凝风机转动状态，要求风叶不偏转，无异音卡滞。

1.27.5 整改效果

针对轴承出现的问题，需要提升轴承的运行环境承受能力，首先提高轴承的使用温度，由原－40～＋130℃，提升为－40～＋160℃，同时根据受力情况，电机下轴承的型号由6203改为6303，同时更换下端盖。选型比较见表1.1。

表1.1 新旧轴承参数对比表

参数	型号	静负荷（N）	动负荷（N）	轴承设计寿命（h）	油脂温度（℃）	油脂计算寿命（h）
原轴承	6203	4 800	9 550	22 307（9.4年）	－40～＋130℃	19 275（8.12年）
新轴承	6303	6 650	13 600	42 287（17.8年）	－40～＋160℃	19 275（8.12年）

注：油脂、冷凝风机轴承按全年平均每日工作6.5 h估算。

通过此次整改后的冷凝风机满足使用需求，整改运用至今，空调系统冷凝风机未发生异音卡滞故障。

1.28 误报门板开关故障

1.28.1 现象描述

门控器频繁误报“门板开关故障”，实际车门状态及行程开关触发状态正常。

1.28.2 影响及后果

（1）客服方面，列车误报车门故障将对乘客上下车造成影响。误报影响司机对车门状态的正确判断，通常将会导致车门隔离，处置过程将可能导致列车晚点，同时对乘客上下车造成一定不便，对行车组织及客运服务造成一定影响。

（2）设备维护方面，列车误报车门故障发生后将耗费大量人力进行故障排查，并且更换故障件，同时需要储备大量的门控器、门板开关等备件，耗费较高的人力成本和换件成本。

1.28.3 原因分析

（1）设计方面，门控器输入电路中绿色环线电路电阻选型不合理。原R3电阻值20 kΩ偏小，使得电流偏大，长时间110 V输入时，30 min后（温度稳定）实测电阻温度分布在90～105℃区间，且未设计有效散热措施，散热性能不良，导致电阻长时间高热量积聚，造成电阻变黄甚至脱焊现象。如图1.56所示。

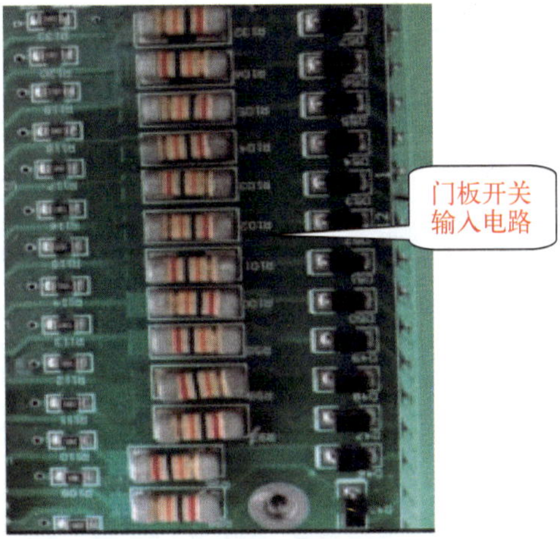

图1.56 门控器输入电路电阻

（2）生产方面，门控器电路板上贴片电阻焊接存在虚焊、焊脚余锡未清理彻底等工艺缺陷。在门控器长时间通电工作时，缺陷部位电阻值发生较大变化，导致发热异常甚至温度超过焊锡熔点183℃，造成上述电阻焊接缺陷部位焊锡熔断或热熔，从而发生脱焊或短路情况，最终导致误报故障。

1.28.4 控制措施

（1）设计方面，一是将门控器电路板上18条输入电阻由原来的20 kΩ电阻更换为24.9 kΩ大功率电阻，使单位时间内发热量降低25%；二是增加门控器散热装置，即在电阻上增加导热硅垫并安装紧固板，有效提升门控器散热性能，如图1.57和图1.58所示。

图1.57 导热硅胶

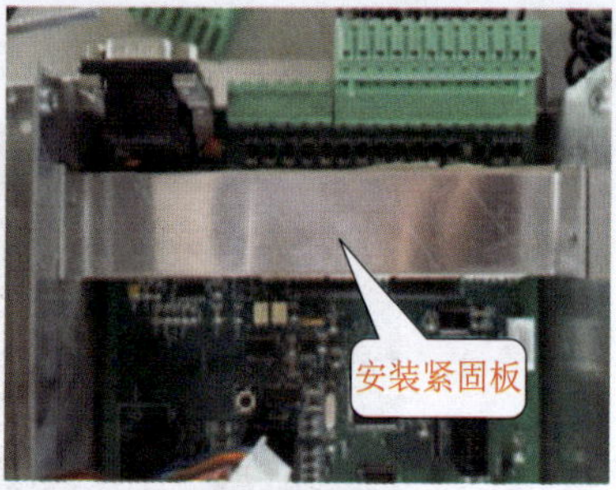

图1.58 安装紧固板

（2）生产方面，一是提升电路板贴片元件焊接质量，严格检查焊接质量，杜绝虚焊漏焊，焊接完毕用万用表测量电阻两端电路，再次确认电阻焊接质量合格；二是仔细检测PCB板是否存在焊锡短路现象，重点检查元器件引脚是否有多余焊锡，以及其他部位是否存在锡渣等问题，彻底解决焊锡短路问题。

1.28.5 整改效果

更换高阻值输入电阻及加装门控器散热装置后，门控器输入电路电阻表面实测最高温度为58.8℃，与未整改前相比（90～105℃）有大幅下降，实施整改后，未再误报门板开关及离线故障。

1.29 柴油机输出端连接螺栓断裂

1.29.1 现象描述

内燃车多颗柴油机飞轮盘与传动轴法兰盘连接螺栓头部断裂，如图 1.59 和图 1.60 所示。

图 1.59 飞轮盘断裂螺栓位置

图 1.60 柴油机输出端断裂螺栓位置

1.29.2 影响及后果

传动轴法兰盘连接螺栓作为动力传动部件连接紧固螺栓，当某一颗螺栓断裂时，会造成其他连接螺栓受力不均，传动部位异常振动、异音。若螺栓断裂飞出，可能造成人身伤害。

1.29.3 原因分析

一是连接螺栓强度不足，选用强度等级为 8.8 的螺栓作为柴油机输出端连接螺栓不能满足实际运行工况，导致螺栓断裂；二是衬套两端覆盖有橡胶，使螺栓紧固后由于不能紧密贴合，导致在飞轮转动后螺栓容易松动，进而造成螺栓切断；三是螺栓安装时没有按照标准扭力要求进行紧固，在柴油机工作后，螺栓进一步松动，在飞轮旋转中切断。

1.29.4 控制措施

一是设计选型采用强度等级为 10.9 的柴油机输出端连接螺栓；二是在更换螺栓及后期装配前清理干净夹布橡胶盘衬套两端的覆盖橡胶，

并严格按照扭力标准对螺栓进行紧固。螺栓规格及扭矩值见表 1.2。

表 1.2　传动部分和走行部分螺栓规格及扭矩值

安装部位	螺栓规格	螺栓材质	扭矩值（N·m）	备注
万向轴	M10×1	10.9 级镀彩锌	56	需涂螺纹紧固剂
	M12×60	8.8 级镀彩锌	72	需涂螺纹紧固剂
	M14×30	10.9 级镀彩锌	150	需涂螺纹紧固剂
飞轮螺栓	柴油机自带	柴油机自带	65±10	
轴箱	螺栓 M22×60	8.8 级镀彩锌	628	
	螺栓 M24×55	8.8 级镀彩锌	668	
单元制动器	螺栓 M20×260	8.8 级镀彩锌	389	

1.29.5　整改效果

更换强度等级为 10.9 的螺栓、清除多余覆盖橡胶后，未再出现同类故障，如图 1.61 所示。

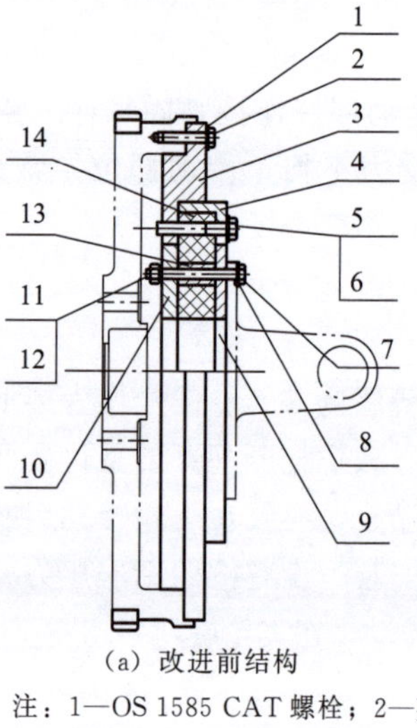

(a) 改进前结构

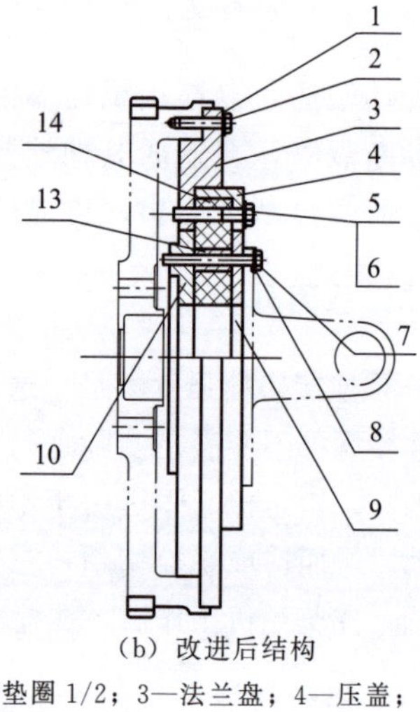

(b) 改进后结构

注：1—OS 1585 CAT 螺栓；2—英制弹簧垫圈 1/2；3—法兰盘；4—压盖；5—六角头螺栓 M12×60；6—弹簧垫圈 12；7—六角头螺栓 M10×1×90；8—弹簧垫圈；9—法兰；10—压板；11—螺母 M10；12—弹簧垫圈 10；13—衬套；14—夹布橡胶盘

图 1.61　螺栓改进示意图

第2章 轨 道 专 业

2.1 轨道专业主要质量通病概述

目前轨道施工建设期主要存在道床板裂纹、轨底坡超限、钢轨钻孔不规范、道岔质量缺陷、轨枕歪斜、水沟排水不畅及接头焊接质量问题等。

针对以上问题，一是设计上要结合线路情况，充分预想实际环境下施工、运营可能遇到的问题，合理选择设计方案并向接口专业明确相关设计、施工要求，以避免对线路运营及维护带来不利影响；二是施工上，严格控制道床浇筑、轨道铺设、焊接等各项环节的施工精度及质量，严禁凭经验办事、盲目施工；三是验收上，本着“早发现、早处理”的原则，提早消除该隐患，杜绝将问题带入运营期。

2.2 道岔框架尺寸不良

2.2.1 现象描述

短轨枕岔区、合成树脂枕岔区和木枕岔区道岔框架尺寸不良，如图2.1所示。

图2.1 道岔框架

2.2.2 影响及后果

一是道岔框架尺寸不良易引发轨距不良、尖轨与基本轨密贴不良等问题，导致道岔扳动不顺畅、列车过岔晃动增加等问题，较严重情况可能会危及行车安全；二是若采用角钢式安装工艺，前期施工一旦造成框架不良，后期维保对框架调整余量非常有限，导致道岔病害难以根治。

2.2.3 原因分析

一是道床框架固定前或道床混凝土灌注前，几何尺寸检查不细导致施工精度不足，在短轨枕整体道床岔区未对框架尺寸进行复核便进行混凝土浇筑，在合成树脂枕或木枕岔区，安装道钉时未复核道岔框架尺寸便进行钻孔，且由于道岔设计的框架调整余量小，若施工误差过大，框架后期很难调整到位；二是转辙机角钢安装精度不足导致道岔框架不良。

2.2.4 控制措施

（1）提高各工序施工精度。一是提升轨道施工精度，重视道岔的预铺质量，在短轨枕岔区浇筑混凝土前，应复核道岔框架尺寸，确认尺寸调整到位后，再进行关键部位安装撑杆等固定工装，同时为保持框架稳定，混凝土浇筑时应密切关注道岔状态；二是提升转辙机角钢安装精度，转辙机角钢安装前，应仔细复核道岔框架尺寸，确认安装角钢位置处道岔框架尺寸良好并用撑杆保持框架尺寸稳定，角钢安装时应严格控制钻孔误差，保证角钢安装方正，如图 2.2 所示。

（2）采用混凝土长枕，岔枕螺栓孔厂内预留，可有效确保道岔框架稳定。

（3）调整转辙机角钢安装方式，采用托板式安装。既有道岔转辙机角钢固定方式采用 L 型角铁固定在道岔基本轨上的方式，这种安装方式对道岔框架调整的制约很大，有效调整范围不足 2 mm。在需要较大程度地调整轨距、拨正轨道框架时，需要对既有的角钢进行拆除并更换新角钢，工作量大、作业时间长。而道岔转辙机采用托板式安装，托板是固定在轨枕上，对道岔转辙部分基本轨无制约，后期轨道专业对道岔框架的调整余量大。

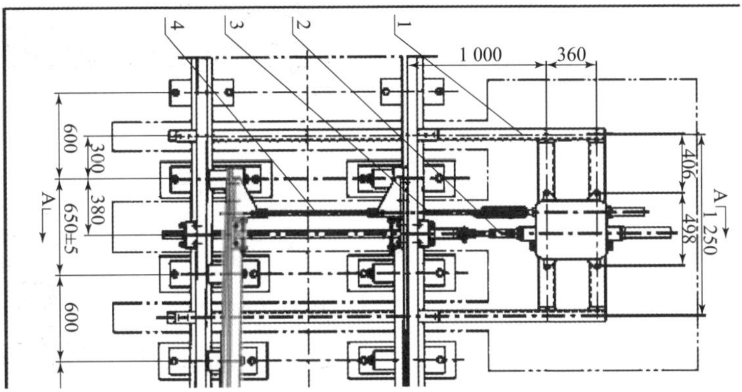

图 2.2 角钢式安装示意图（单位：mm）

2.2.5 整改效果

针对道岔框架尺寸不良的情况，一般采取局部框架调整、整体框架调整两种整改方式：

(1) 局部框架调整。当道岔框架需要进行局部微调时，通过改道的方式进行，按照先整正基本股、再调整框架尺寸的原则进行，以保持道岔状态稳定。在日常的道岔工电联调作业中，主要采用此种措施对局部存在状态不良的道岔进行处理。

(2) 整体框架调整。当道岔框架过大，需要进行整体框架调整时，由轨道专业和信号专业联合进行调整。轨道专业调查出框架调整量，根据调整量将线路调整到位后，利用撑杆固定框架，信号专业拆除旧角钢并更换。

按上述方法对框架进行调整后，框架尺寸不良的情况得到了改善。

2.3 道床裂纹

2.3.1 现象描述

无砟轨道道床出现裂纹，如图 2.3 所示。

2.3.2 影响及后果

道床裂纹可能引发道床掉块、轨枕剥离及碎裂等病害，影响轨道结构稳定，严重的甚至危及行车安全。

图 2.3 道床裂纹

2.3.3 原因分析

无砟轨道道床裂纹，按裂纹形成原因，分为温度及收缩裂纹、施工裂纹、钢轨的伸缩引起裂缝等。以下分别对每种裂纹形成原因进行分析。

(1) 温度及收缩裂纹：道床混凝土在凝固过程中，由于水化热引起的内外温差造成混凝土干燥收缩，表层出现毛细裂纹。干燥收缩使混凝土内部水分不断向外散失，引起混凝土由外向内的干缩变形裂纹。塑性收缩是混凝土浇筑后仍处于塑性状态时，由于表面水分蒸发过快而产生的裂纹。

(2) 施工裂纹：道床浇筑施工过程中存在漏振；道床浇筑施工时强度尚未满足要求即安排轨道车上线压道；道床浇筑后，振捣过程中误操作导致模板、轨道几何尺寸发生偏差后进行二次调整，对已浇筑混凝土产生干扰；道床底层清理不干净或未及时将积水予以清除，造成混凝土与底层混凝土结合不良，运营期间造成道床裂纹。

(3) 钢轨的伸缩引起裂缝：无砟轨道施工若不能及时松开扣件，钢轨的伸缩将带动轨枕在新浇混凝土中移动从而产生裂缝。

(4) 其他结构基础不均匀沉降以及钢筋锈蚀等均会引起无砟轨道产生裂缝。下部支承层中存在裂缝或结构缝时，同样也会产生裂缝。

2.3.4 控制措施

(1) 温度及收缩裂纹：严格控制混凝土浇筑完成后的养护工作。

在混凝土浇筑完成后及时采用塑料膜覆盖，以防混凝土表面水分蒸发过快。初凝后将塑料膜掀开，用土工布覆盖洒水浸湿对成品混凝土进行养护，并每天检查土工布的潮湿状态，必要时需要进行补水，潮湿养护时间至少为7天，安排专人进行养护效果检查。

(2) 施工裂纹、钢轨的伸缩引起裂缝、其他裂缝：严格控制现场伸缩缝分段位置，避免浇筑超长段混凝土，避免水化热过大而影响后期养护质量。严格控制浇筑速度和振捣速度，道床混凝土宜均匀布料，重点针对轨枕四周及其正下方部位，保证振捣均匀、充分。混凝土强度达到10 MPa后及时将扣件松开，使钢轨达到自由伸缩状态，避免伸缩应力过大造成混凝土拉裂形成施工裂纹。施工过程中严格掌握施工时间，对混凝土运输距离及浇筑时长进行详细计算，混凝土等待时间不超过2小时，保证混凝土质量。施工过程要严格把控混凝土强度，混凝土强度达到设计强度的70%后，方可安排轨道车上道。混凝土浇筑前，加强对模板、预埋件及轨道几何尺寸的调整和复核，并检查其稳固性，避免在后期浇筑振捣时引起偏差。在道床施工前做好混凝土结合部位的残渣及积水清理工作，发现未清理的不得进行下工序作业。后续运营期间发现道床剥离地段，及时进行注浆处理，避免长时间运行后造成道床产生裂纹。施工过程中应加强沉降观测，在规定时间内满足沉降要求后方可进行作业，对于发现沉降超标地段应及时进行处理后再予以施工下道工序。

2.3.5 整改效果

由于影响道床开裂的因素很多，难以彻底避免道床的开裂，有必要对道床裂缝进行修补。目前常用的裂缝修补方法有表面封闭法、无压注浆法、低压注浆法、树脂灌注法等。

(1) 表面封闭法：适用于裂缝宽度<0.2 mm、深度<10 mm的裂缝，施工适宜温度5～30℃。表面的封闭涂层材料宜采用聚合物水泥基材料，底涂材料可采用高聚合物乳液含量的聚合物水泥基材料。方法如下：①使用钢丝刷将裂缝表面两侧刷毛，用真空吸尘器清除灰

尘等杂物。当裂缝内有明水时，应采用热风机等将裂缝吹干。②配制表面封闭用修补材料，采用手持式搅拌机或专用搅拌器将修补材料搅拌均匀。③沿裂缝表面涂刷一层底涂材料。④待底层材料表干后，涂刷表面封闭用涂层材料，涂刷 3 遍以上，保证涂层厚度达到 300 μm 以上。每遍涂刷都要等到上遍涂层材料表干后再涂，且两次涂刷方向相互垂直。

（2）无压注浆法：适用于 0.2 mm≤裂缝宽度<0.5 mm、≤10 mm 深度<30 mm 的裂缝，施工适宜温度 5～30℃。无压注浆法宜采用低黏度树脂材料。方法：用真空吸尘器清除灰尘等杂物，用热风机等去除裂缝内水分。沿裂缝两侧制作注浆围挡，防止浆体污染混凝土表面。采用手动双组份注浆器向裂缝内注入低黏度树脂材料。灌注过程中应随时观察树脂渗透情况，并及时补注修补材料直至注满。修补材料固化后，去除裂缝围挡，将裂缝表面多余树脂材料打磨平整，在裂缝表面涂刷裂缝封闭材料，其修补材料及工艺与表面封闭法相同。

（3）低压注浆法：适用于裂缝宽度≥0.5 mm、深度≥30 mm 的裂缝，施工适宜温度 5～30℃。封缝材料可采用聚合物快硬水泥浆、专用封缝材料或专用封缝带等。方法：①使用钢丝刷将裂缝表面两侧刷毛，用真空吸尘器清除灰尘等杂物。当裂缝内有明水时，应采用热风机等将裂缝吹干。②采用封缝材料封闭裂缝，封闭过程中留出注浆孔和排气孔。③通过注浆器向裂缝内注入修补材料，直至注满为止。④当修补材料固化后，去除封缝材料，并将裂缝表面打磨平整。⑤在裂缝表面涂刷裂缝封闭材料，其修补材料及工艺与表面封闭法相同。

（4）树脂灌注法：环氧树脂灌注法一般适于处理静止缝和相对干燥的裂缝，聚氨酯对于结构表面干湿环境条件均可。环氧树脂和聚氨酯是最常见的裂缝灌注材料。树脂材料具有较高的机械强度，并能抵抗混凝土所遇到的大多数化学侵蚀，树脂可以灌入到 0.05 mm 的裂缝。修补后的效果见图 2.4。

图 2.4　修补后的效果

2.4　轨底坡超限

2.4.1　现象描述

短轨枕整体道床轨道采用“架轨法”施工，在施工过程中由于受钢轨支撑架变形、小曲线等诸多因素的制约，成型后的短轨枕整体道床轨道轨底坡超限已成为一个共性问题，如图2.5所示。

图 2.5　轨底坡造成光带异常

2.4.2　影响及后果

轨底坡超限将造成轮轨接触关系不良，可能导致钢轨及轮对伤损，缩短钢轨及列车轮对寿命，增大维修费用。

2.4.3　原因分析

一是轨排同调整支架无有效约束，且曲线地段受曲线超高影响，钢轨存在一定的翻转和扭曲，造成成型后钢轨轨底坡同设计偏差较大；二是施工过程中，曲线地段钢轨轨底坡未按照设计要求进行调整、卡控到位，造成轨底坡偏差较大。

2.4.4 控制措施

一是尽可能采用长轨枕整体道床轨道；二是若采用短轨枕整体道床“架轨法”施工，需对铺轨的钢轨调整支架进行优化，在钢轨轨底同调整支架接触位置增加有效的约束和轨底坡调整配件，并在道床混凝土浇筑前，逐点对轨底坡进行检查，合格后方可浇筑道床混凝土。

2.4.5 整改效果

通过调整轨底坡治理轨底坡超限，调整要求如下：

（1）为控制线路刚度，轨底坡调整宜采用刚性材料。预先调整好线路轨底坡，预留填充垫板位置，注入强度、刚度满足要求的速凝材料，待强度满足设计要求后，松开轨底坡固定装置。

（2）当轨底坡偏小，需向大调整时，调整垫片较厚一侧靠近钢轨外侧，较薄一侧靠近钢轨内侧；当轨底坡偏大，需向小调整时，调整垫片较厚一侧靠近钢轨内侧，较薄一侧靠近钢轨外侧。施工中需严格控制调整垫片的方向，以免造成调整错误。轨底坡偏差调整量计算表见表 2.1，异性轨下垫板图见图 2.6。

表 2.1 轨底坡偏差调整量计算表

序号	现场实测坡度	调整量（mm）	调整垫板型号
1	1/10	10	4-14 轨下垫板
2	1/13	8	4-12 轨下垫板
3	1/15	6	5-11 轨下垫板
4	1/20	4	6-10 轨下垫板
5	1/26	2	8-10 轨下垫板
6	1/30～1/50	满足规范要求，不进行调整	
7	1/50～1/150	2	8-10 轨下垫板
8	1/150～平坡	4	6-10 轨下垫板

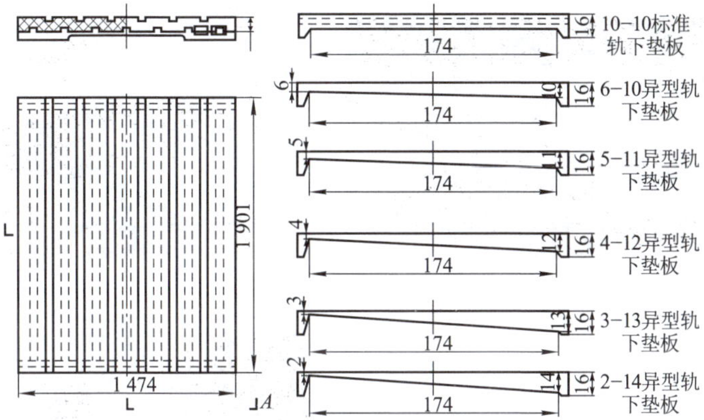

图 2.6 楔形调整片

通过调整轨底坡，改善轮轨关系的同时节约了维修成本，并延长钢轨使用寿命，如图 2.7 所示。

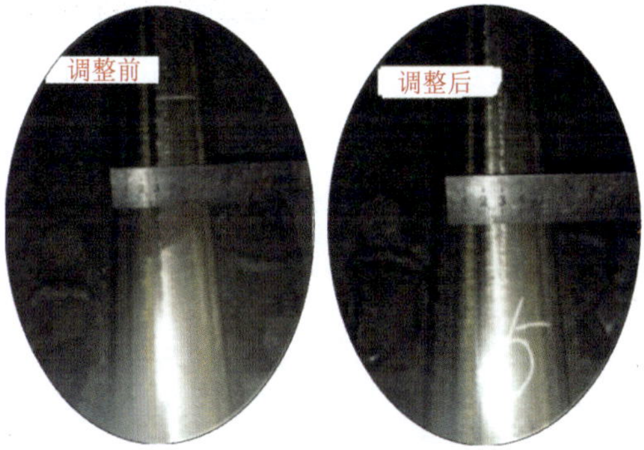

图 2.7 调整前后对比

2.5 钢轨钻孔不规范

2.5.1 现象描述

各系统专业在进行钢轨钻孔时存在钻孔位置不规范、多孔及钻孔后未倒棱等现象，如图 2.8～图 2.10 所示。

图 2.8 钻孔距焊缝不足 400 mm

图 2.9 多孔轨

图 2.10 未倒棱

2.5.2 影响及后果

钢轨钻孔不规范易诱发应力集中，引发螺孔裂纹，严重的导致钢轨折断，危及行车安全。

2.5.3 原因分析

一是在施工图阶段未向各系统专业明确钢轨钻孔要求；二是相关系统施工单位作业人员凭经验办事，对在钢轨钻孔相关标准掌握不清，盲目施工。

2.5.4 控制措施

一是严格按照施工工艺流程，焊缝两侧各 400 mm 范围内，不得进行钻孔或安装其他装置；二是钢轨钻孔位置应在轨腹中和轴上，且必须倒棱，倒棱尺寸为 0.8 mm～1.5 mm，角度 45°，两螺栓孔的净距不得小于大孔径的 2 倍。

2.6 轨枕歪斜

2.6.1 现象描述

整体道床轨枕有不同程度的歪斜，轨距块无法安装到位，形成假轨距，如图 2.11 所示。

2.6.2 影响及后果

轨枕歪斜一是影响线路观感质量；二是轨距块无法安装到位，导致成型后的线路出现假轨距，轨距无法锁死。

图 2.11 轨枕歪斜

2.6.3 原因分析

一是施工期对轨枕间距控制不到位及对轨排在运输和调整过程中产生的歪斜未及时进行消除；二是对混凝土道床浇筑及振捣中引起轨枕偏差未及时进行调整。

2.6.4 控制措施

一是加强轨排拼装、现场调整过程中的检查，严格控制轨枕间距及歪斜度；二是浇筑混凝土工序中，应避免捣固时捣固棒碰撞枕木导致其歪斜，浇筑过程中，若发现有轨枕歪斜应及时进行调整。

2.6.5 整改效果

(1) 对于歪斜不严重的轨枕，结合现场检查尺寸，配备异型配件调整轨道几何尺寸。

(2) 对于歪斜严重的轨枕须采用更换轨枕的方法：将歪斜的轨枕从混凝土道床中取出，轨枕底部应凿出不小于 25 mm 深的空间；对裸露混凝土表面进行凿毛，对连接钢筋表面除锈处理后，清理轨枕盒内松散颗粒及灰尘；放入新轨枕，选择合适长度、直径的钢筋，将其焊接到裸露道床纵向连接钢筋上；将砂浆面刮平，与相邻道床表面平齐，并打扫干净，恢复线路。如图 2.12 所示。

图 2.12 修复后轨枕

2.7 道床两侧水沟排水不畅

2.7.1 现象描述

道床两侧水沟部分区段（如泵房入水口、车站轨行区）长期积水，无法排除，如图 2.13 所示。

图 2.13 水沟积水

2.7.2 影响及后果

排水不畅易造成轨行区设备锈蚀并可能导致水淹道床，影响区间正常运营。

2.7.3 原因分析

（1）设计方面：一是区间横向过轨沟与排水沟功能共用，在运营期由于过轨管线及垃圾堵塞，造成排水能力不足；二是区间（或车站）泵房集水坑预埋排水管标高位置错误，造成排水管管口底面高于水沟底面，形成积水；三是隧道进口处排（截）水措施预想不充分，造成洞外散排水进入区间隧道。

（2）施工方面，一是对水沟沟底坡度控制不严，未严格执行设计要求，造成水沟成型后沟底未形成有效的排水坡，造成积水；二是未仔细领会设计意图，在区间设置排水反坡区段，未严格按照图纸进行施工，造成反坡区段长期积水；三是在进行道床或水沟边墙混凝土施工过程中，造成泵房排水管堵塞。

2.7.4 控制措施

（1）设计方面，在进行区间排水设计时，对线路纵坡小于2‰的区段，应适当加大排水沟纵坡。同时区间泵房设置在区间最低点。

（2）施工方面，一是施工前，对区间预留的排水接口进行复核（重点复核管口标高、有无堵塞等），并做好保护。二是施工过程中严控水沟施工质量，排水沟施工宜采用一次型整体浇筑方案进行水沟施工，同时重点加强对钢弹簧浮置板前后水沟过渡区段及区间泵房设置的排水反坡区段的盯控。三是临管期加强对管口及区间垃圾的清理，防止出现异物堵塞排水管口情况。

2.7.5 整改效果

对于排水坡设置不合理的情况，可采用角磨机对水沟超限进行切割，利用高强砂浆对切割面进行修补恢复至设计位置。对于区间泵房位置排水口封堵的情况，先将排水管线进行垃圾清理，对于孔洞偏小的采用钢筋混凝土扩孔机进行扩孔。按上述方式进行整改后，道床两侧水沟排水不畅现象得到改善。

2.8 闪光焊接头伤损

2.8.1 现象描述

闪光焊接头有伤损现象，其中以灰斑伤损较为常见，且90%分布于轨底部位，如图2.14所示。

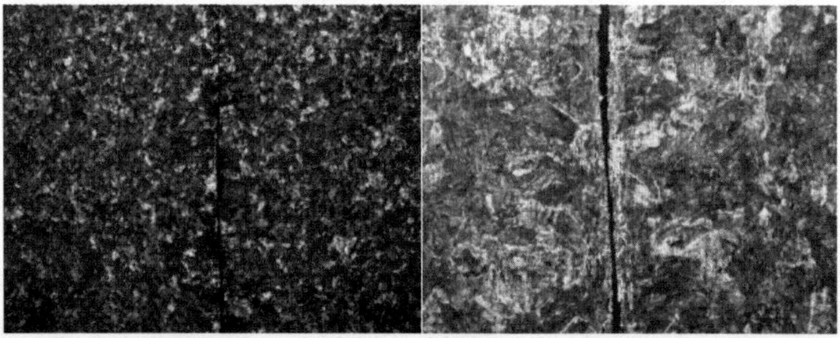

图 2.14 灰斑

2.8.2 影响及后果

闪光焊接头伤损可能造成钢轨突发性折断，危及行车安全。

2.8.3 原因分析

灰斑是内部含有氧化夹杂物的大火坑没有被挤出而残留在焊缝区形成的，这些氧化夹杂物起源愈合母材基体隔离，在闪光焊接过程中形成的大火坑内堆积，由于过载的重结晶而被残留在火坑内部，如果这些火坑在顶锻时没有被挤出就会凝固在焊缝区。

2.8.4 控制措施

一是在新线建设期间，接头焊接阶段是卡控质量源头的关键时段，需抽调技术力量较好的人员进行焊缝验收工作。验收人员应掌握完整的焊缝全断面探伤工艺，逐个对焊接接头进行检测，一旦发现疑似伤损，需双机校核。对确认存在灰斑的闪光焊接头，需做好记录，并通知施工单位采取割断重焊的处理措施。对重新焊接的接头，还应组织人员进行复核消缺。二是新线验收期间，本着“早发现、早处理”的原则，对发现的闪光焊伤损，为消除该隐患，均采取切除重焊的方式予以处理。

2.8.5 整改效果

一是严格按照修程修制相关规定对伤损进行判定，平衡好工务作业量与线路质量安全；二是根据探伤周期安排焊缝检测。采取钢轨探伤车、钢轨探伤仪以及焊缝探伤仪相结合的方式，对闪光焊进行检测，准确落实伤损定量定位，并进行重新焊接。

第3章　建筑装修专业

3.1　建筑装修专业主要质量通病概述

建筑专业问题主要集中于装修设备存在使用功能缺陷；施工质量差造成的装修设备安全缺陷；装修专业与其他专业施工时未协调一致造成相应设备收边、收口等问题。

针对以上问题，一是设计上要严格执行相关国家规范，充分重视各专业间设计交流，上工序设计应向下工序设计进行交底；二是施工上严格按照设计施工图进行加工、制作、安装，加强与业主、设计单位的沟通，及时进行问题反馈，并提高施工人员对设计意图的理解，避免盲目施工；三是项目管理上，建设规划设计管理部门建立设计联络理念，制定相应的界面衔接标准。

3.2　检修石材门装饰面板易脱落、门扇关不严

3.2.1　现象描述

检修门粘贴于金属框架上的石材、瓷砖易脱落，门扇活页、铰链受力不均，造成门扇关不严，如图3.1所示。

3.2.2　影响及后果

一是门扇关不严可能造成行人撞上门扇引发客伤事件发生；二是门扇上的装饰面板出现松脱、门扇关不严等隐患征兆时，需检修人员进行维修，维修方式则沿用原施工方式，未从根本上杜绝安全隐患且花费大量的人力进行反复维修。

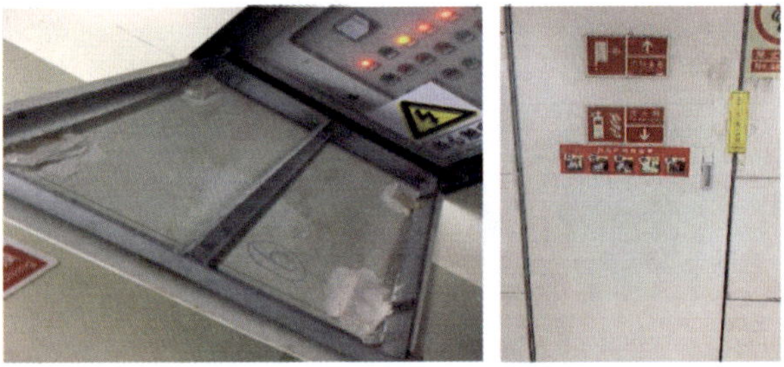

图 3.1　粘贴石材/瓷砖易脱落、门扇关不严

3.2.3　原因分析

(1) 设计方面，一是门扇活页设置数量不合理，未参考实际使用情况进行设置；二是对装饰面板材质特性了解不清，未对不同材质进行针对性设计；三是相关接口专业设计未进行有效沟通，造成检修门被嵌入在内的设备阻挡，造成门扇关不严。

(2) 施工方面，一是检修门装饰面板未按设计施工图进行加工、安装；二是装饰面板直接用云石胶与金属骨架粘结，耐水性及耐久性不良，并且固化时产生收缩；三是施工单位未及时反馈人造石英石采用干挂方式开槽容易爆裂、背栓施作困难的情况，而是采取直接用云石胶或 AB 胶粘结的方式；四是加工门扇时，门缝间缝隙宽度测量存在较大误差，造成所做门扇与门框间隙较小，从而开启、关闭困难。

3.2.4　控制措施

(1) 设计方面，石材检修门安装选用暗装转轴或不锈钢（明装）铰链。所有墙面装饰门边应平齐或对称于墙面装饰材料竖缝。

(2) 施工方面，一是严格按照设计施工图进行加工、制作、安装，留设足够的门边缝；二是避免饰面板采用云石胶直接粘贴于金属骨架上，采用建筑石材硅酮密封胶进行粘贴，保证其粘结力；三是当施工单位按照设计施工图制作不能满足现场要求时，应及时进行反馈；四是根据 GB 50210—2018《建筑装饰装修工程质量验收标准》

及GB 50300—2013《建筑工程施工质量验收统一标准》相关规定，开展隐蔽工程验收、现场拉拔试验等，保证质量。

3.2.5 整改效果

（1）针对检修石材门装饰面板易脱落的问题。严格按照设计施工图进行施工，并采用建筑石材硅酮密封胶进行粘贴，保证其粘结力，如图3.2所示。

（2）针对检修石材门关不严的问题。采用明装式铰链活页，进行承载力设计验算查验是否满足使用要求，在实际使用过程中故障率发生较少，如图3.3所示。

图3.2 石材门装饰面板整改后的效果

图3.3 石材门整改后的效果

3.3 自动扶梯与墙面、栏杆间隙过大

3.3.1 现象描述

自动扶梯扶手带外边缘与墙面、建筑物栏杆间隙过大，如图3.4所示。

3.3.2 影响及后果

自动扶梯与墙面、栏杆间隙过大易发生坠落事故，造成人员伤亡。

图3.4 自动扶梯与栏杆间隙过大图

3.3.3 原因分析

(1) 设计方面，一是自动扶梯和装饰专业在设计中缺乏沟通，根据TSG T7005—2012《电梯监督检验和定期检验规则——自动扶梯与自动人行道》，如果人员在出入口可能接触到扶手带的外缘并且引起危险，则应采取适当的预防措施[2]；二是未重视不同设计专业间的沟通协调，未制定相关专业设计标准化文件，造成漏项设计。

(2) 施工方面，施工误差造成安装自动扶梯与装修安装的建筑物栏杆等设备之间间隙超过原设计施工图尺寸。

3.3.4 控制措施

(1) 设计方面，一是充分重视各专业间设计交流，上工序设计应向下工序设计进行交底；二是建立设计专业间的沟通协调，按照专业制定相应的标准化文件，在设计施工图纸上明确间隙处理方式。

(2) 施工方面，在相应工序施工前，对建筑物、设备控制轴线、标高等基础数据进行复核，使得施工误差早发现、早处理。

3.3.5 整改效果

设计方面，一是两部电扶梯相邻设置的，在两部电扶梯中间设置限位栏杆，栏杆长度与电扶梯不锈钢踏板齐平；二是对步梯与楼梯、扶梯与结构板、扶梯与站台天花之间的间隙进行封堵。如图3.5所示。

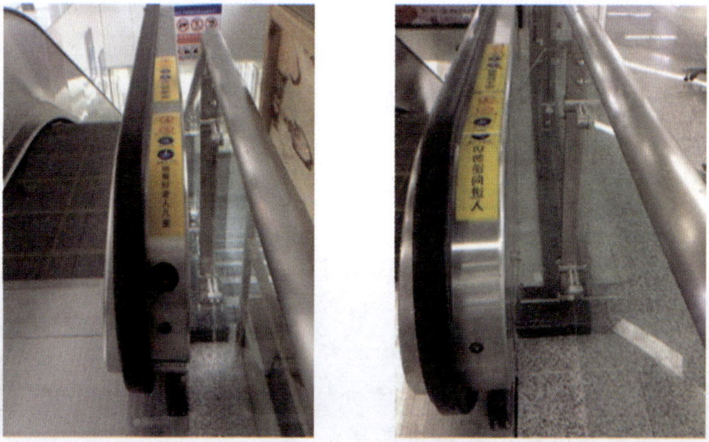

（a）整改前　　（b）整改后

图 3.5　扶梯整改效果

3.4　自动扶梯紧停按钮设置不合理

3.4.1　现象描述

自动扶梯紧停按钮设置于墙面侧或被栏杆遮挡，如图 3.6 所示。

图 3.6　电扶梯紧停按钮设置不合理图

3.4.2　影响及后果

在紧急情况下不能及时按下电扶梯紧停按钮，可能造成事故严重化。

3.4.3　原因分析

一是电扶梯设计阶段未对现场实际操作需求情况进行摸排，紧停按钮设置不合理；二是建筑设计未与电扶梯设计进行有效沟通，导致栏杆遮挡了紧停按钮。

3.4.4　控制措施

电扶梯设计根据现场操作实际需要，把紧停按钮设置于便于操作的一侧，减少按压紧停时间，同时附属设施采取相应措施避免遮挡。

3.4.5　整改效果

将电扶梯紧停按钮改设于非靠墙一侧，旁有栏杆玻璃遮挡的，做镂空处理，如图 3.7 所示。

图 3.7　整改后的效果

3.5 盲道施工安装不规范

3.5.1 现象描述

盲道安装存在盲道铺设与人防门盖板盲道未顺接、盲道铺设工艺欠佳、盲道与其他设施冲突、盲道安装安全距离不够、盲道安装未与市政接驳等问题，如图 3.8 所示。

(a) 盲道未与人防门盖板顺

(b) 盲道铺设工艺欠佳

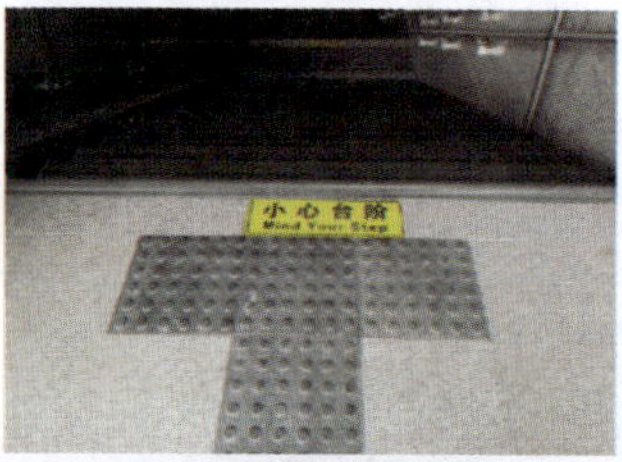

(c) 盲道安全距离不足

(d) 盲道与设备冲突

(e) 出入口盲道未与市政盲道接驳

(f) 盲道设置点位与防淹挡板冲突

图 3.8 盲道铺设问题示例

3.5.2　影响及后果

盲道施工不规范，会影响特殊群体的使用并对车站其他设施使用造成影响。

3.5.3　原因分析

一是施工单位对无障碍设施重视程度不足，施工中随意性较大，对细部做法与设计沟通不够，未进行深化设计；二是施工前未进行设计交底和图纸会审，对设计意图理解不足；三是未全面执行无障碍设施的规范和条款；四是施工中未及时进行检查验收。

3.5.4　控制措施

一是提高施工人员对盲道设计要求的认识，施工前组织设计交底明确具体要求；二是根据现场实际施工进程和变更情况加强和设计单位的沟通，及时调整布设位置；三是做好技术交底工作，加强施工过程中的检查。盲道施工严格按照以下原则进行：

（1）从设置垂直电梯的出入口通道（包括电梯的和人行步梯）、对角出入口通道（如是远期预留出入口不设置盲道，应选择对边出入口通道）及有过街通道功能的出入口通道引入盲道，在通道中引至残疾人卫生间。

（2）满足相关条件的情况下，出入口盲道要与市政盲道连接。

（3）在楼梯前方、楼梯平台处距高踏步起点或终点 250 mm～300 mm 处设置止步块及电扶梯不锈钢踏板前 250 mm～300 mm 处设置止步块。

（4）站台层盲道采用定点上车布置原则，根据各线路选用的列车型号，选择无障碍车厢所对应的站台门设置盲道（各设计单位应先核实车型与无障碍车厢位置无误后再按原则布置）。

（5）盲道边沿线与墙、柱、栏杆等障碍物的距离应大于 300 mm，且站厅盲道需避开安检机安装位置。

（6）盲道应引向边门，且避开边门滚轮运动轨迹。

（7）原则上采用石材盲道，当石材盲道达不到装修要求情况下，采用不锈钢盲道。

（8）站台石材盲道宜采用明显颜色对比的石材整体盲道，如绿麻。换乘站或换乘通道处，可考虑沿用原既有线标准。

3.6 车站扶手设置不合理

3.6.1 现象描述

车站无障碍扶手安装不规范，存在与墙面的距离太近、扶手起点和终点的延伸方向长度过小、扶手无盲文铭牌等问题，如图 3.9 所示。

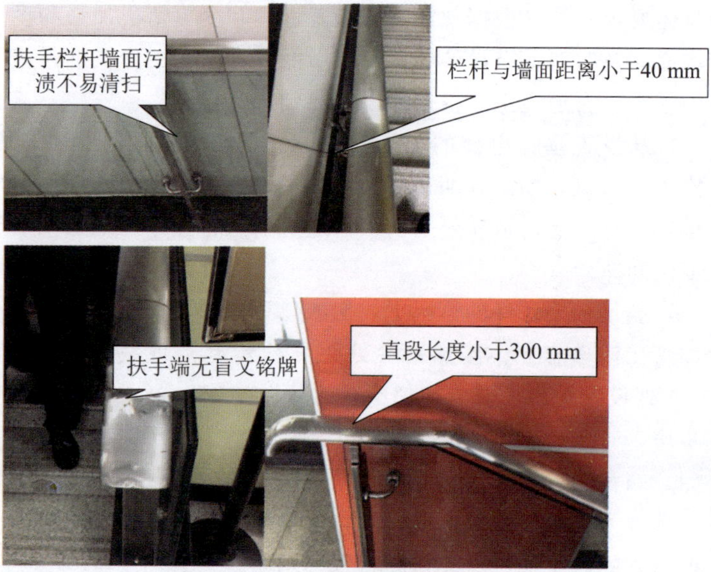

图 3.9 楼梯扶手问题示例

3.6.2　影响及后果

墙面与扶手距离过近，一是不利于保洁清扫，二是易卡滞乘客手指。扶手起点和终点的延伸方向长度过小、扶手无盲文铭牌不利于盲人乘客上下楼梯。

3.6.3　原因分析

车站扶手的设计，一是未严格执行 GB 50763—2012《无障碍设计规范》；二是未充分考虑车站设备设施的日常维护性。

3.6.4　控制措施

按照《无障碍设计规范》要求，施工图纸中扶手施工应符合下列规定：

（1）无障碍单层扶手的高度应为 850 mm～900 mm，无障碍双层扶手的上层扶手高度应为 850 mm～900 mm，下层扶手高度应为 650 mm～700 mm。

（2）扶手应保持连贯，靠墙面的扶手的起点和终点处应水平延伸不小于 300 mm 的长度。

（3）扶手末端应向内拐到墙面或向下延伸不小于 100 mm，栏杆式扶手应向下成弧形或延伸到地面上固定。

（4）扶手内侧与墙面的距离不应小于 40 mm。

（5）扶手应安装坚固，形状易于抓握。圆形扶手的直径应为 35 mm～50 mm，矩形扶手的截面尺寸应为 35 mm～50 mm。

（6）扶手的材质宜选用防滑、热惰性指标好的材料[3]。

3.7　车站排水沟防水层铺设不到位

3.7.1　现象描述

地铁车站站厅、站台层排水沟基层大部分由混凝土垫层、砂浆找平层、卷材防水层组成，各层之间易出现空鼓、不密实、表面不平整以及表面裂缝等问题，如图3.10所示。

图3.10 离壁沟防水层空鼓

3.7.2 影响及后果

一是影响离壁沟正常排水能力，容易发生墙壁渗水，排水沟积水流至站厅、站台公共区内影响车站设备设施及客服质量；二是导致墙面空鼓、开裂、起皮，影响感官质量。

3.7.3 原因分析

施工过程中结构基体清理不干净、浇水湿润不够或基体墙面有积水，找平层施工前水泥涂浆不均匀或过度风干，是导致防水层施工质量问题的主要原因。

3.7.4 控制措施

排水沟防水层施工过程中应做好以下控制：

（1）基体应清理干净并洒水湿润，基层施工时基体不得有积水。

（2）找平层采用干硬性水泥砂浆，施工过程中，应做到水泥浆和水泥砂浆同时进行。

（3）基层混凝土初凝前要用专业工具刮平和找平。

（4）铺设防水材料前，需做好防水基层处理，铺设次数及工序要保证。

（5）公共区墙面排水沟用聚乙烯丙纶复合防水卷材应采用双层做法，各层材料的芯材厚度不得小于0.5 mm。

3.8　站台门端门与墙面干挂石材冲突

3.8.1　现象描述

车站端门固定门门框及部分玻璃嵌入墙体一侧干挂墙砖内，如图3.11所示。

图3.11　站台门端门与墙面干挂石材冲突

3.8.2　影响及后果

导致站台门、固定门与墙壁连接侧无法做绝缘处理，且后期维护更换玻璃后无法与门框进行收口处理。

3.8.3　原因分析

站台门和装饰专业在设计中缺乏沟通，装修施工单位未在施工前进行测量、样板排版推演，造成站台门固定门与装修干挂墙体交接处出现误差。

3.8.4　控制措施

一是站台门与装修设计之间加强沟通，建设、规划、设计、管理部门加强设计联络理念，制定相应的界面衔接标准；二是在施工前先进行轴线、标高、装修层测量放线复核工作，现场测量的尺寸先利用计算机进行排版，及时发现问题上报业主尽早进行处理。

3.8.5　整改效果

制定公共区站台门固定门与装修墙面、天花等设备相衔接标准，明确装修干挂墙砖完成面与站台门固定门靠墙一侧门框外边缘齐平、小缝隙用玻璃胶进行收口处理的要求。整改前后如图 3.12 所示。

(a) 整改前　　(b) 整改后

图 3.12　站台门整改效果

3.9　出入口疏散通道涂料面层起皮、霉变

3.9.1　现象描述

出入口疏散通道墙壁基层脱落、发生霉变，如图 3.13 所示。

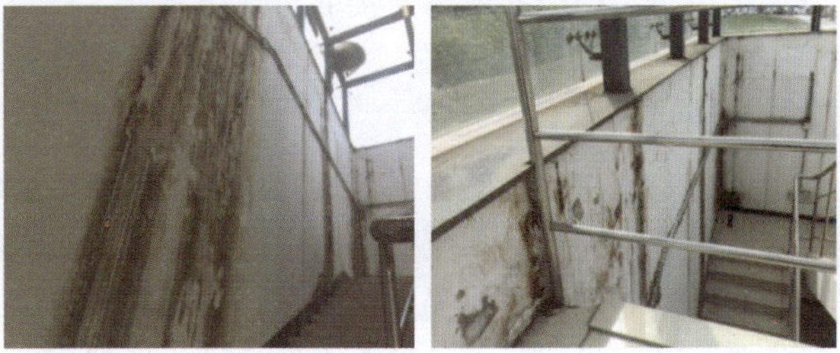

图 3.13　疏散通道出入口浸水

3.9.2　影响及后果

疏散通道与外界花台、玻璃顶棚防水失效，通道内墙壁长期渗水

影响正常使用及美观。

3.9.3　原因分析

一是砌体基层含水率偏大，面层施工完毕后，面层的水分持续向外渗透，当水气遇到密封的面层时，将引起起泡，导致面层起皮、脱落；二是施工期间车站内通风系统尚未形成，由于通风不良导致面层出现霉变现象；三是墙体长期处于潮湿环境，导致墙体潮湿引起砖面泛碱。

3.9.4　控制措施

出入口疏散通道墙施工过程中应做好以下控制：

（1）砌体基层含水率不得大于 8%，防火板、其他木基层含水率不得大于 12%。面层施工时，合理控制基层的含水率，尽量选用防水和透气的材料，使面层背面的水气均能有效挥发，确保面层不产生气泡、起皮现象。

（2）基层充分干燥后，先将腻子粉分 2～3 次间隔分批抹平，前后两次抹平腻子的时间间隔不少于 48 小时，需保持良好的通风。完成后，先用砂纸把基层磨平，再进入面层底漆施工。

（3）地下车站面层施工时，要选用防水腻子粉或者外墙专用腻子粉，避免腻子粉被水气浸湿，出现粉化、脱落现象。

（4）涂层面层施工完毕后，若车站通风系统尚未形成，应及时采取临时措施保证车站通风效果，如临时采用鼓风机，可有效防止面层霉变现象。

3.10　疏散通道门锁选型不合理

3.10.1　现象描述

部分车站设备区疏散通道门安装普通门锁，部分车站疏散通道未安装门禁按钮，如图 3.14 所示。

3.10.2 影响及后果

若疏散通道门禁锁为普通门锁，使得疏散通道反方向门锁无法锁闭，处于常开状态，无法对车站进出疏散通道人员进行把控，存在较大的安全隐患；部分疏散通道存在多个设备房的情况，若疏散通道未安装门禁按钮，导致授权的专业设备巡检人员被困在疏散通道内。

图 3.14 疏散通道门锁

3.10.3 原因分析

一是门禁系统未按规范要求进行设计；二是厂家未按照施工设计图纸提供门锁设备；三是施工过程中未严格进行把控，导致门禁方向及设备安装错误；四是施工完成后，对门禁安装及调试、功能实现未做好验收。

3.10.4 控制措施

疏散通道门锁各安全等级的配置应符合下列规定：

(1) 一级应设双向读卡器，进门侧应设密码键盘或其他识别装置，并应与闭路电视监控系统联动监控。

(2) 二级应设双向读卡器，进门侧应设密码键盘或其他识别装置。

(3) 三级应设双向读卡器或设单向读卡器，进门侧应设密码键盘或其他识别装置。

(4) 四级应设单向读卡器。

(5) 控制中心监控对象应包括重要的系统和设备用房、管理用房及通道的门，进入中央控制室的通道门应设一级门禁。

3.11 防静电地板安装不规范

3.11.1 现象描述

车站防静电地板安装存在高低不平、缝隙不均匀、支撑不固定、未安装龙骨支架的现象，如图3.15所示。

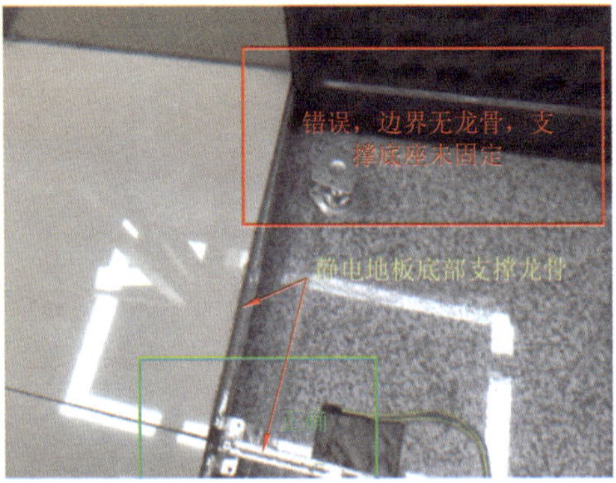

图3.15 防静电地板安装

3.11.2 影响及后果

防静电地板安装不规范可能导致静电无法消除，引起计算机运行故障，甚至导致其他设备元器件毁坏，对地铁运营产生不良后果。

3.11.3 原因分析

防静电地板安装不规范的主要原因有：

(1) 铺装前基层处理不到位，平整度未达铺装要求。

(2) 支架安装时，未准确到位，高度控制不准确。

(3) 地板支架不牢固或支架地脚部未垫实，造成局部地板受荷载作用而下陷，整体地板面层不平整。

(4) 支撑横梁安装时，高度安装不精确，造成其上铺设的地板不平整。

(5) 由于设备安装多次拆卸，导致静电地板二次铺装缝隙调整不到位。

(6) 施工单位未按图纸安装，边缘未安装支撑龙骨支架。

3.11.4　控制措施

按以下要求做好防静电地板安装：

(1) 检查基层处理，表面应平整、光滑、不起灰，平整度误差超标的应找平处理。

(2) 依据活动地板尺寸，进行地板预排，并在地面弹出网格线，以网格交点位置准确安装支架，并调整支架高度，达到设计要求。

(3) 铺设地板时，先在横梁龙骨上铺设缓冲胶条，保证地面四角与横梁龙骨接触平整、严密。

(4) 支架与基层面应按设计要求的方式连接牢固。

(5) 铺设完成后，用水平仪整体抄平。

3.12　建筑装修专业的其他问题

建筑装修专业的其他问题、影响及解决措施见表 3.1。

表 3.1　建筑装修专业的其他问题、影响及解决措施

序号	问　题	影　响	解决措施
1	隧道风机、新风井、消防泵房检修爬梯未接入至底部地面 	不利于检修人员检修，上下爬梯时距离地面较高，存在高空坠落风险	延长爬梯接入至地面，并增设护笼

续上表

序号	问　　题	影　　响	解决措施
2	出入口两侧平台未进行封堵，存在攀爬人员坠落风险 	无有效封堵，将会加大攀爬人员坠落等安全风险	在出入口两侧平台增设防攀爬玻璃
3	人防门盖板无防滑设置 	乘客容易滑倒、摔伤	在人防门槛采用3 mm防滑不锈钢板（纹路锻造）

第4章 结构专业

4.1 结构专业主要质量通病概述

结构专业问题主要集中在结构漏水、孔洞未封堵造成的防汛问题，以及道床剥离、地面塌陷等问题。结构漏水主要与施工工艺不规范导致的混凝土干缩裂缝、预埋件与混凝土结合不密实、防水材料失效等有关；孔洞未封堵主要与施工单位在施工中排查不仔细有关，从而导致倒灌进水。

针对以上问题，一是设计上充分考虑各专业的需求，避免与其他专业冲突导致结构破坏等问题，确保勘察数据完整准确，针对不同环境有针对性地进行设计并为后期维护提出明确建议；二是施工上严格执行国家标准及设计要求。

4.2 预留孔洞未封堵

4.2.1 现象描述

在新线施工时未封堵预留穿线（管）孔洞造成外部积水倒灌入车站，如图4.1所示。

图4.1 预留孔未封堵造成倒灌

4.2.2 影响及后果

孔洞漏水倒灌进入车站、轨行区、设备房后，将严重影响客运服务，导致列车运行、损坏设备等后果。

4.2.3 原因分析

一是设置预留孔不合理，预留孔不能使用或预留孔过多；二是竣工时未对预留孔进行排查，并进行有效封堵。

4.2.4 控制措施

一是认真统筹安排结构与各站后专业的预留孔洞的布置，对多余的预留孔制定可靠的封堵措施；二是保证预留孔施工质量，确保按防水图、相关专业图纸及国家相关图集（标准图集 02S404 防水套管中柔性防水套管）做好套管的防水封堵。对于未使用的预留孔，应做好永久封堵，如图 4.2 所示。

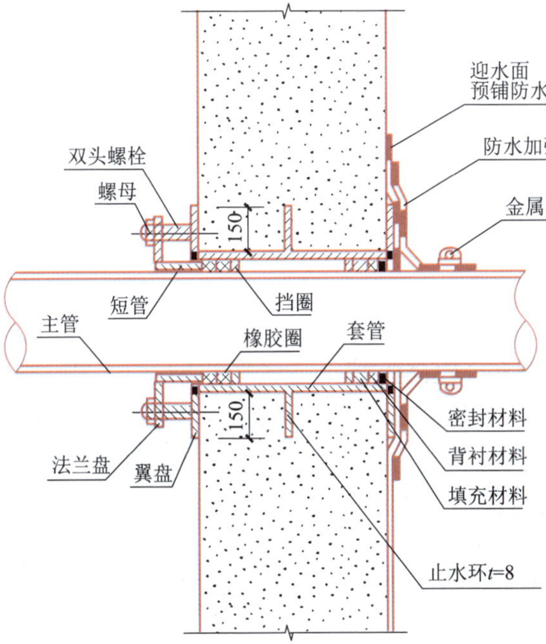

图 4.2 穿墙管封堵设计图（单位：mm）

4.2.5 整改效果

对未封堵的孔洞，采用堵漏剂、混凝土等进行封堵，且保证封堵的质量与效果，如图 4.3 所示。

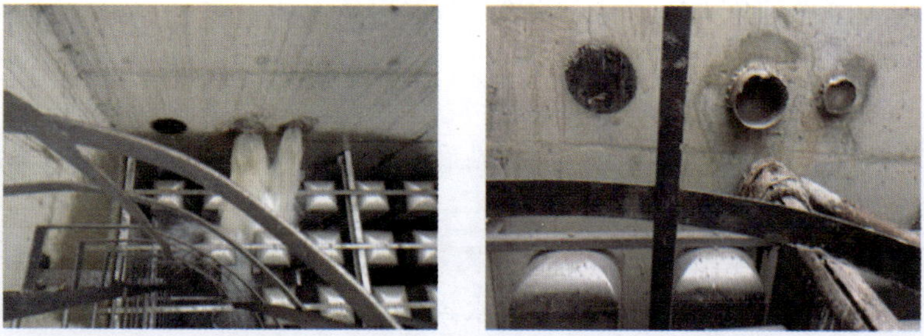

(a) 整改前　　(b) 整改后

图 4.3 孔洞封堵效果

4.3 车站附属建筑不满足防汛要求

4.3.1 现象描述

车站附属结构混凝土挡墙高度不满足防汛要求，混凝土挡墙与干挂石材间存在空隙，如图 4.4 所示。

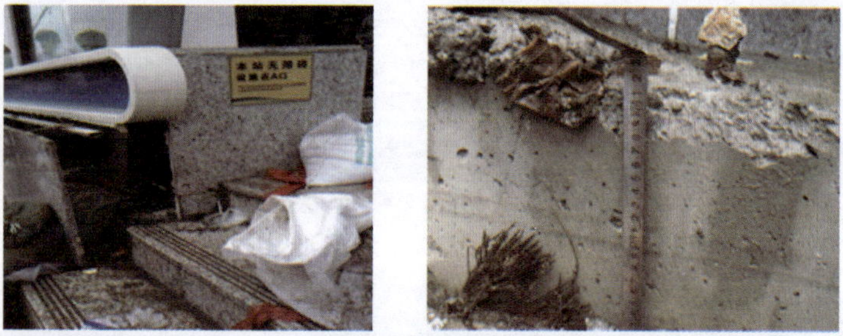

图 4.4

图 4.4 附属结构标高不满足防汛要求导致雨水漫入车站

4.3.2 影响及后果

若站外积水漫过挡墙倒灌进入车站，将严重影响客运服务，并可能导致列车运行中断、设备损坏等后果。

4.3.3 原因分析

一是结构施工图纸与建筑施工图纸不统一，造成结构与干挂石材间存在空隙；二是挡墙未严格按照车站附属结构防汛标高施工，后期装饰装修施工也未对标高进行复核。

4.3.4 控制措施

一是结构、建筑紧密对接，保证结构与干挂石材标高相符，不留空隙；二是严格按照设计图纸标高进行施工，并做好防水处理。

4.3.5 整改效果

采用砖砌方式将出入口挡墙加高至干挂石材顶面，使结构与干挂石材间不留空隙，并对砌筑砖墙进行抹面及防水处理，如图 4.5 所示。

(a) 整改前

(b) 整改后

图 4.5 挡墙整改效果

4.4 钢管柱锈蚀防护层开裂

4.4.1 现象描述

钢管柱表面防火、防锈喷浆材料收缩开裂、脱落、起壳，出现锈蚀情况，如图 4.6 所示。

图 4.6 钢管柱锈蚀

4.4.2 影响及后果

一是钢管柱作为主体承重构件，出现锈蚀会使结构受力受到影响，锈蚀严重时会导致结构失稳；二是需要采取措施保证钢管柱不继续出现锈蚀，增加成本支出。

4.4.3 原因分析

一是设计阶段未针对钢管柱所处潮湿环境制定针对性保护措施，并未对后续维护提供明确性建议，导致钢管柱过早锈蚀；二是施工阶段未严格按照规范要求进行施工，除锈、刷漆等施工工艺不达标。

4.4.4 控制措施

一是设计阶段应针对钢管柱制定更可靠、可行的保护措施，并对后续的运营维护提供指导性意见；二是施工过程中应符合国家标准 GB 50046—2008《工业建筑防腐蚀设计规范》和 GB 8923—88《涂装前钢材表面锈蚀等级和除锈等级》的规定。钢柱表面均应除锈、挫平，红丹打底，刷防防锈漆两道。

4.4.5 整改效果

（1）对被水浸泡导致防护涂层剥离，致使钢管柱表面锈蚀的情况，进行积水来源查找，判断是否存在车站渗漏水及站内排水疏导不畅的情况，并及时处理，排干钢管柱周边明水。

（2）运营期间采取有效的排水、通风、干燥等措施，降低环境因素对钢管柱锈蚀作用。

（3）对已经出现锈蚀的部位，按规范要求，对锈蚀部位进行锈蚀等级检测或鉴定，根据锈蚀等级确定处理等级及处理措施。必须选用专业施工队伍施工，施工前应根据场地实际情况（包括悬挂电缆管线等）及锈蚀情况进行方案细化与施工组织设计，确保满足质量要求及各专业功能需求和限界要求。

（4）若现场锈蚀情况满足 GB/T 8923.1—2001/ISO 8501-1：2007《涂覆涂料前钢材表面处理表面清洁度的目视评定　第1部分：未涂覆过的钢材表面和全面清除原有涂层后的钢材表面的锈蚀等级和处理等级》中的锈蚀等级为 A 级（大面积覆盖着氧化皮而几乎没有铁锈的钢材表面）的情况，需要对已出现锈蚀的钢构件喷砂，除锈等级为 Sa2.5 级，表面粗糙度为 40～75 μm。

（5）除锈后将钢管柱根部与混凝土交界面处混凝土凿毛，按施工缝进行处理，采用设置止水胶、涂刷防水涂料等进行防水处理。

（6）对站台板以下及非站台板下钢管柱采用模筑外包 200～600 mm 厚 C40 微膨胀防水混凝土或灌浆料，将钢管柱根部外包保护层，做成锥型包围一圈全封闭，如图 4.7 所示。此处理方案对施工质量要求严格，施工时应注意做好除锈工作，钢管柱底部增设外包保护层应保证防水处理措施以及外包保护层浇筑的施工质量，避免渗漏水引起包裹在保护层内部的钢管柱锈蚀。整改后如图 4.8 所示。

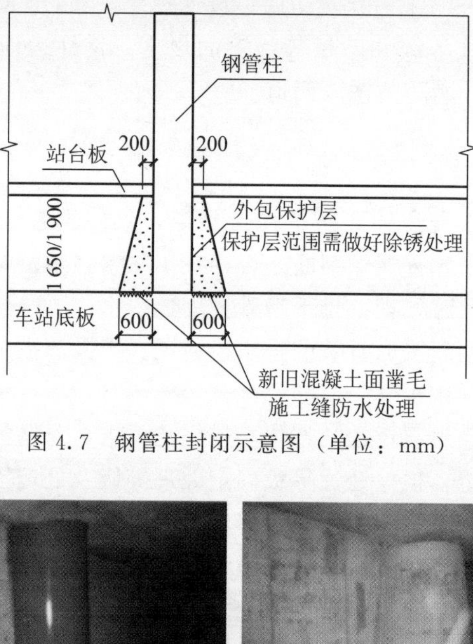

图 4.7　钢管柱封闭示意图（单位：mm）

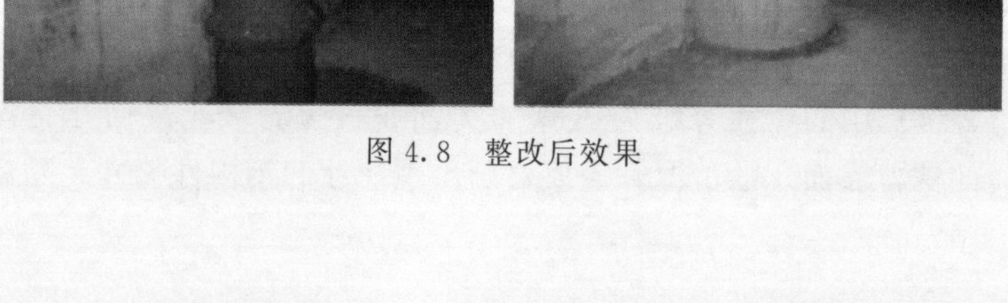

图 4.8　整改后效果

4.5 结构渗漏水

4.5.1 现象描述

结构施工缝、变形缝、裂缝、预埋件处渗漏水，如图 4.9 所示。

图 4.9 结构渗漏

4.5.2 影响及后果

安全方面：结构渗漏水会影响结构安全，缩短使用年限，使钢筋混凝土内部出现氢氧化钙溶失，容易导致混凝土结构中的钢筋直接与水和空气接触进而发生锈蚀，并会加快结构混凝土的碱骨料反应，从而影响结构安全。

环境方面：结构渗漏水导致环境潮湿，将影响人员身体健康，提高防汛成本。人员长期在潮湿的环境中工作容易影响到身体健康，设备物资进水或受潮则可能导致变质或故障，漏水严重时须常年采用机械排水和使用抽湿机或用吸湿剂以改善潮湿环境、确保防汛安全，均会造成较多能耗及物资消耗，导致运营成本上升。

4.5.3 原因分析

（1）施工缝漏水原因

1）施工缝设置位置不当，施工缝混凝土表面没有凿毛，残渣没有清理干净，新旧混凝土结合不牢。

2）施工缝未做企口。

3）混凝土浇筑不均匀，骨料集中于施工缝处。

4）混凝土墙体单薄，钢筋过密，振捣困难，混凝土不密实。

5）没有采用补偿收缩混凝土，造成接槎部位产生收缩裂缝。

（2）变形缝漏水原因

1）变形缝设置位置、构造形式、使用材料未根据工程特点、地质环境等条件确定。

2）橡胶止水带未采用热溶胶连接或塑料止水带搭接方式、搭接长度不符合规范要求。

3）变形缝处混凝土振捣不密实。

4）破除维护结构时未进行有效保护，导致变形缝处止水带等防水材料破损。

（3）裂缝漏水原因

裂缝按其产生的原因不同可分为荷载裂缝、温度裂缝、干缩裂缝、腐蚀裂缝、沉降裂缝等，具体成因如下：

1）荷载裂缝：一般多出现在构件的受拉区域、受剪区域或振动严重的部位。产生的主要原因是结构设计不合理、施工错误、承载能力不足、地基不均匀沉降等。

2）温度裂缝：由大气温度变化、周围环境高温的影响和大体积混凝土施工时产生的水化热等因素造成。

3）干缩裂缝：由于混凝土养护不到位，导致混凝土在干燥环境中凝结，产生裂缝。

4）沉降裂缝：现浇构件因地基或砌体过大而产生不均匀沉降；模板刚度不足、支撑间距大、支撑松动、过早拆模等，均可导致产生沉降裂缝。

5）腐蚀裂缝：由于混凝土拌和物含有害离子，导致钢筋锈蚀而使混凝土产生的后期膨胀裂缝。

（4）预埋件（水电套管、模版对拉螺栓等）漏水原因

1）穿过结构的预埋件未设置止水环或止水环有漏焊、止水环宽度不够，导致延长渗水距离不够。

2）施工过程扰动中预埋件松动，与混凝土间产生间隙。

3）预埋件周围混凝土灌注困难，振捣不密实，形成孔洞。

4）预埋件表面存在异物或锈蚀层，导致预埋件与混凝土不能紧密贴合。

4.5.4 控制措施

（1）施工缝漏水

1）根据GB 50208—2011《地下防水工程施工质量验收标准》要求，墙体水平施工缝应留设在高出底板表面不小于300 mm的墙体上。拱、板与墙结合的水平施工缝，宜留在拱、板和墙交接处以下150 mm～300 mm处；垂直施工缝应避开地下水和裂隙水较多的地段，并宜与变形缝相结合。

2）施工缝宜留置成凸形缝、阶梯缝，且必须清理干净。

3）混凝土应采用补偿收缩混凝土，即在混凝土中掺入膨胀剂。

4）浇筑上层混凝土前，应先在施工缝处浇筑一层与混凝土灰砂比相同的水泥砂浆，增强新旧混凝土的粘结。

5）施工缝处混凝土要仔细振捣，保证混凝土的密实度。

（2）变形缝漏水

1）变形缝应设置在结构截面、荷载、地质突变处，不应设置在结构转角处。

2）变形缝的构造形式及防水材料应基于所在地地下水情况（水位、水压、水质等）及结构变形情况进行合理选择。

3）根据GB 50208—2011《地下防水工程施工质量验收标准》，变形缝止水条与施工缝基面应密贴，中间不得有空鼓、脱离等现象；止水条应牢固地安装在缝表面或预埋凹槽内；止水条采用搭接连接时，搭接宽度不得小于30 mm。

（3）裂缝漏水

根据 GB 50010—2002《混凝土结构设计规范》的规定，混凝土最大裂缝宽度的控制标准，有防渗要求的为 0.11～0.12 mm。为了达到这样的标准需采取相应的控制措施。

4.5.5　整改效果

（1）施工缝、裂缝漏水

针对施工缝、裂缝处出现的渗漏点（缝），应视渗漏情况和水压大小，采用环氧树脂或者水泥浆进行灌浆堵漏。整改效果如图 4.10 所示。

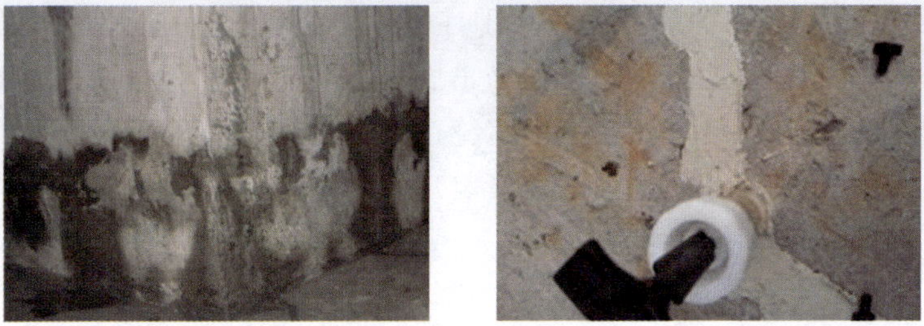

（a）整改前　　（b）整改后

图 4.10　施工缝整的效果

（2）变形缝漏水

针对变形缝漏水，首先剔出缝内填充物，洗刷缝内基面，提高基面混凝土粘结力、渗透力，注入环氧树脂材料，整改效果如图 4.11 所示。

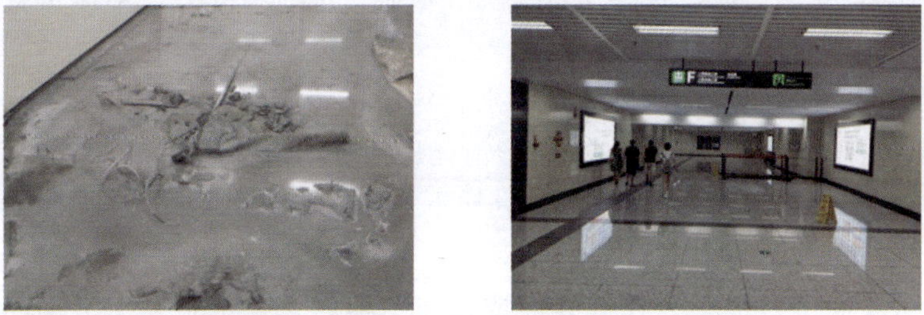

（a）整改前　　（b）整改后

图 4.11　变形缝整改效果

4.6 AFC 线槽施工破坏中板结构

4.6.1 现象描述

AFC 线槽施工，因线槽埋深不够破坏中板结构，如图 4.12 所示。

图 4.12 AFC 线槽施工

4.6.2 影响及后果

一是中板钢筋保护层被破坏，可能导致中板受力钢筋锈蚀，影响结构的稳定性；二是水源可进入中板内部，将从结构薄弱处产生漏水情况，并浸泡 AFC 线槽，导致线槽积水，增加故障处理的难度。

4.6.3 原因分析

一是总体设计未充分考虑各专业的需求，在结构中板和装修层之间厚度有限的情况下，未考虑预留 AFC 线槽的高度；二是 AFC 施工单位在发现预留高度不足的情况下，没有及时向建设单位、设计单位反馈信息，擅自凿除结构混凝土。

4.6.4 控制措施

设计单位在总体设计时，需要充分考虑各专业的需求，预留足够空间；结构施工单位严格控制中板结构层标高，不能超过规范允许要求；各专业施工单位在施工过程中，发现预留高度不够时，需要及时反馈、严禁擅自施工。

4.7 车站回填地面沉降

4.7.1 现象描述

车站及周边路面的回填土沉降、塌陷，如图4.13所示。

图4.13 回填地面沉降

4.7.2 影响及后果

回填土沉降致使地面开裂、空洞可能导致车站建筑倾斜、直梯无法使用，路面不平整造成地面行人、车辆安全隐患等。

4.7.3 原因分析

（1）设计方面：部分地段回填土过高，造成压实碾压困难。

（2）施工方面：一是回填前对基床未进行清理或清理不彻底；二是回填料不符合要求（含水率、级配等）；三是未按回填施工工艺要求进行施工（回填分层厚度、碾压次数等）。

4.7.4 控制措施

（1）设计方面：一是保证勘察阶段地质采样数据完整准确；二是在施工阶段发现与勘察设计不符的情况时应按照实际地质情况进行设计变更。

（2）施工方面：一是按设计要求对基床进行清理；二是严格按照施工工艺要求进行回填施工；三是按填土试验取样规范进行试验，对试验结果不合格的进行返工。

4.7.5 整改效果

针对沉降部位，重新进行开挖，并分层回填夯实，最后进行注水泥浆将基础稳固，如图4.14所示。

图4.14 整改后效果

4.8 混凝土结构露筋

4.8.1 现象描述

结构层表面有钢筋外漏或钢筋网状锈蚀，如图4.15所示。

图 4.15 混凝土结构钢筋外露

4.8.2 影响及后果

一是混凝土结构钢筋外露导致钢筋锈蚀，影响受力性能，导致结构受力达不到设计使用年限；二是整改露筋问题，需要采取措施保证钢筋不继续锈蚀，增加成本投入。

4.8.3 原因分析

混凝土施工过程中，施工单位未按设计及标准要求保证钢筋保护层厚度。

4.8.4 控制措施

混凝土施工过程中，为确保钢筋保护层厚度应做好以下几点工作：一是合理设置模板与钢筋间垫块大小和间距；二是混凝土浇筑捣鼓密实，密封好模板缝隙，避免漏浆；三是合理控制模板的刚度及支架的稳定性。

4.8.5 整改效果

凿除结构表面松脆、剥离等已损坏的混凝土，利用人工方式对锈蚀钢筋进行除锈、防腐处理，并清除老混凝土表面上的灰尘以使其保持清洁，在损坏的混凝土表面涂上环氧胶液等粘贴剂。不在轨行区上方的漏筋部位，利用环氧砂浆或环氧混凝土对混凝土缺陷部位进行修补。如图 4.16 所示。

(a) 整改前

(b) 整改后

图 4.16 漏筋整改效果

4.9 盾构管片嵌缝胶条脱落

4.9.1 现象描述

盾构管片嵌缝胶条不稳固，易脱落，如图 4.17 所示。

图 4.17 盾构管片缺陷图

4.9.2 影响及后果

不稳固的盾构管片嵌缝胶条可能在活塞风及振动等作用下脱落，若脱落在接触网上可能导致短路、缠绕受电弓等，若脱落在轨道上会影响列车行驶。

4.9.3 原因分析

一是设计阶段未充分考虑新线与既有线的嵌缝形状存在差异，导致新式嵌缝胶条不稳固，运营过程中，由于活塞风及振动等原因造成嵌缝胶条脱落；二是嵌缝胶条安装时，在嵌缝基面未彻底清理、区间潮湿的情况下进行胶条安装，导致胶条与混凝土粘贴不密实，造成脱落。

4.9.4 控制措施

因拱顶嵌缝胶条达不到设计预想作用，且容易脱落，故取消设置拱顶嵌缝胶条。

4.9.5 整改效果

将拱顶90°范围内的嵌缝胶条拆除，避免脱落影响行车，如图4.18所示。

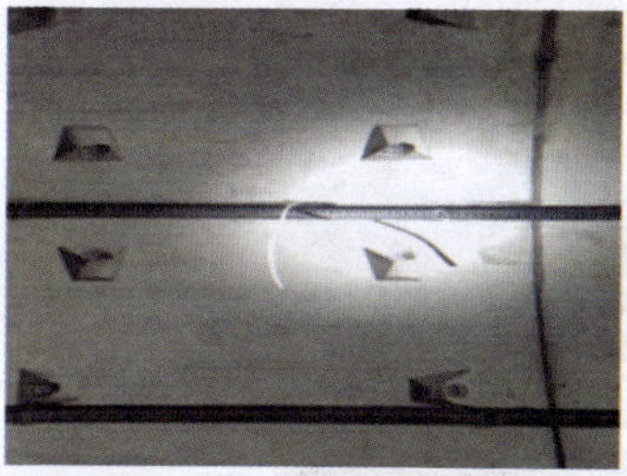

(a) 整改前

(b) 整改后

图 4.18 嵌缝胶条整改效果

4.10 附属结构底板变形缝未设置横截沟

4.10.1 现象描述

车站附属结构底板变形缝位置未设置排水措施，导致中板积水，如图 4.19 所示。

(a) 出入口变形缝冒水

(b) 设备区变形缝冒水

图 4.19 变形缝冒水

4.10.2 影响及后果

因对车站出入口附属结构底板变形缝渗水未采取排水措施，造成中板积水。一是导致站台层漏水，影响客服；二是引起 AFC 线槽、疏散指示灯下步积水，导致设备故障，同时会引起闸机故障；三是整改需破换装修层地砖石材等，造成成本浪费。

4.10.3 原因分析

一是变形缝底部未采取任何排水、引流措施；二是变形缝施工过程中未严格按照要求施工，结构背后防水层、止水带等存在破损现象。

4.10.4 控制措施

一是除了在变形缝顶部、侧墙设置接水槽外，在出入口、风道底板变形缝处增加横截沟，采用有组织排水解决变形缝渗漏问题；二是规范变形缝施工，保证结构背后防水层、止水带的完整性，降低变形缝渗漏的概率。

4.10.5　整改效果

针对底板变形缝漏水，采取增加横截沟的形式，可以对变形缝的渗水进行汇集，流入附近的离壁沟或者地漏，进行有组织排水，解决由此引起的中板垫层积水、设备区积水等问题，如图 4.20 所示。

(a) 整改前

(b) 整改后

图 4.20　变形缝漏水整改效果

4.11　电扶梯、直梯基坑排水不畅

4.11.1　现象描述

电扶梯、直梯基坑无排水孔或者排水孔高度过高，导致基坑内积水无法排出，如图 4.21 所示。

4.11.2　影响及后果

基坑底积水，在潮湿环境中电梯设备易发生故障，水位过高时会导致电梯停运。

图 4.21　电梯基坑积水

4.11.3　原因分析

一是设计未充分考虑电扶梯基坑排水问题，部分基坑未设置排水孔；二是已设计排水孔的基坑，施工时未按设计要求将排水孔设置在坑底。

4.11.4　控制措施

电扶梯均设置基坑排水孔，确保不遗漏，并合理确定开孔标高，保证积水能够及时排出。

4.11.5　整改效果

对无泄水孔的电梯基坑，采用水钻对混凝土进行开孔，保证开孔高度、坡度，使基坑内积水顺利流出。

4.12　道床与管片剥离

4.12.1　现象描述

道床与隧道管片结合不密实，主要表现在相交接位置出现裂缝，道床与管片之间存在离缝，如图4.22所示。

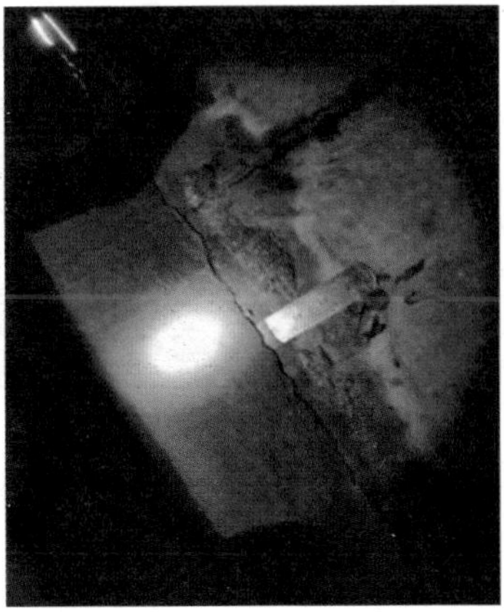

图4.22　道床与管片间裂缝

4.12.2　影响及后果

一是道床剥离后，可能造成道床翻浆冒泥，严重时会造成道床断裂，影响行车；二是整治道床剥离需大量注浆，由于问题部位无法精确定位，注浆成本无法控制，可能造成大量费用后依然无法彻底根治。

4.12.3 原因分析

一是道床浇筑时振捣不密实，管片基面未清理，后期养护不到位，材料质量存在缺陷等因素都可能导致道床剥离；二是道床水沟施工质量不佳，水沟内的积水长时间渗入道床与管片的结合部，在列车的荷载作用下，产生离缝，造成道床翻浆冒泥。

4.12.4 控制措施

一是施工过程中保证道床混凝土、水沟混凝土的振捣密实度，加强后期养护，使管片与道床衔接更加紧密，避免在未投入使用时预先造成裂纹。

4.12.5 整改效果

对新出现病害部位前后纵向打入注浆管道，使注浆部位在管片与道床结合位置，同时观察注浆压力机道床变形情况，使道床与管片之间的缝隙填充密实，加强道床稳定性，反复处置直到病害根治，如图 4.23 所示。

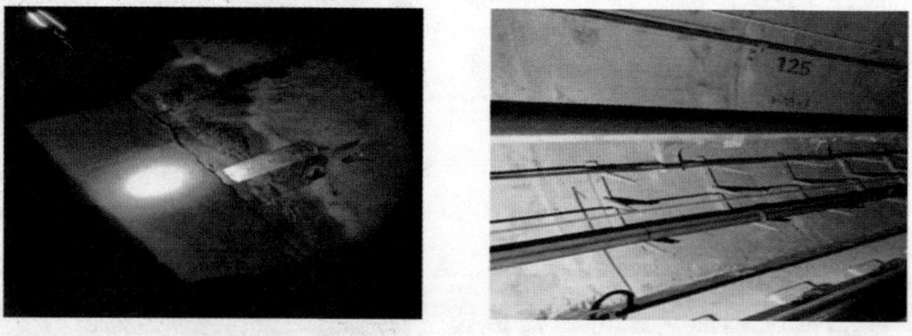

(a) 整改前　　(b) 整改后

图 4.23　道床剥离整改效果

第5章 空调专业

5.1 空调专业主要质量通病概述

通风空调专业问题主要集中在设备检修条件不足（空间不足、无检修附属设施、无安全防护措施等）、空调管路滴水、保温棉脱落、设备安全防护不到位以及因通风空调相关问题导致的其他设备运行不稳定等问题。

针对以上问题，一是设计上要根据规范要求和设备运行环境要求，合理选型及设置通风空调设备，并充分考虑在地铁运行环境下的安全性及可维护性；二是施工上，严格卡控通风空调设备安装质量，确保施工工艺规范。

5.2 SVG设备房通风不畅，室内温度偏高

5.2.1 现象描述

SVG设备房通风不畅，无法有效地进行气流流通，室内温可达40℃，如图5.1所示。

5.2.2 影响及后果

SVG设备房内温度过高，SVG控制柜及电抗器长时间在高温下运行，导致SVG故障，影响系统运行稳定性。

5.2.3 原因分析

一是设计在进行设备房散热量的计算时只考虑了电抗器和隔离变

图 5.1 通风不畅

压器的发热量，忽略了 SVG 装置的发热量，造成整体房间通风量设计不足；二是 SVG 控制设备没有针对性地选用宽温设备，并将发热量大的电力器件安装于一个房间；三是采用人工手动控制的排风机，可控性差，不能实时根据现场温度自动控制排风；四是采用自然进风的进风百叶导致有效进风面积设计不足，进风量小，造成整体通风量减少，同时滤网网孔小且不能拆卸清洗，容易积灰堵塞，造成进风量变小。另外，部分 SVG 室进风和出风在同一面墙体上，不能形成对流散热也是散热效果不佳的原因之一。

5.2.4 控制措施

一是在进行设备房散热量计算时应与供电专业确认供电设备功率或发热量、设备环境要求，将电抗器和隔离变压及 SVG 装置的发热量计算在内，使房间整体通风量满足要求；二是房间内考虑采用宽温设备，以便根据实时温度自动调整其运行方式；三是进风百叶的有效进风面积需根据负荷换算进行设计，可适当加大进风面积并采用可拆卸大网孔滤网，确保有效进风；四是当余热量较大采用机械通风系统技术经济性不合理时，应设置冷风系统[1]。

5.2.5 整改效果

通过对主所 SVG 设备房的改造，加装大功率的风机进行进风和排风，设备房的通风情况得到很大改善，通风良好，室内温度下降明显，设备运行稳定，如图5.2所示。

图5.2 整改后的效果

5.3 设备房温湿度超标

5.3.1 现象描述

设备房温度长期高于27℃，夏季甚至长期高于30℃。

5.3.2 影响及后果

设备房温湿度偏高，设备配电箱凝露，将导致设备稳定性变差，频发故障并影响设备使用寿命。

5.3.3 原因分析

一是设备房负荷设计偏小，造成房间通风量不足；二是房间气流组织不合理，风口设计不足；三是房间内发热量较大的设备（如视频监视系统编码器）之间未留出足够的散热空间。

5.3.4 控制措施

（1）设计方面

1）通风设计在负荷计算时，根据规范要求和设备运行环境要求，合理选择室内外温湿度参数（相对湿度、温度不得大于规范要求），规范要求见表 5.1。

表 5.1　计算温度、相对湿度与换气次数

房间名称	冬季	夏季		小时换气次数	
	计算温度（℃）	计算温度（℃）	相对湿度（%）	进风	排风
站长室、站务室、值班室、休息室	18	27	＜65	6	6
车站控制室、广播室、控制室	18	27	40～60	6	5
售票室、票务室	18	27	40～60	6	5
车票分类/编码室、自动售检票机房	16	27	40～60	6	6
通信设备室、通信电源室、信号设备室、信号电源室、综合监控设备室	16	27	40～60	6	5
降压变电所、牵引降压混合变电所	—	36	—	按排除余热计算风量	
配电室、机械室	16	36	—	4	4
更衣室、修理间、清扫员室	18	27	＜65	6	6
公共安全室、会议交接班室	18	27	＜65	6	6
蓄电池室	16	30	—	6	6
茶水室	—	—	—	—	10
盥洗室、车站用品间	—	—	—	4	4
清扫工具间、气瓶室、储藏室	—	—	—	—	4
污水泵房、废水泵房、消防泵房	5	—	—	—	4

续上表

房间名称	冬季	夏季		小时换气次数	
	计算温度（℃）	计算温度（℃）	相对湿度（%）	进风	排风
通风与空调机房、冷冻机房	—	—	—	6	6
折返线维修用房	12	30	—	—	6
厕所	>5	—	—	—	排风

注：1 厕所排风量每坑位按 100 m^3/h 计算，且小时换气次数不宜少于 10 次；

2 小时换气次数指通风工况下房间的最少换气次数。

2）根据设备房设备布局，设置送排风口数量，合理组织气流和气流速度，确保房间内通风量满足设备运行需要，减少因布局问题造成的房间局部温、湿度超标。

3）合理设计空调送风温差，电气用房采用冷风降温时，送风温差应保证在电气设备空载时不结露，建议不超过 15℃，避免因送风温度低造成的设备房风口滴水。

（2）施工方面

1）部分房间内发热量较大的设备（如视频监视系统编码器）之间应确保足够的散热空间，减少设备房局部温度较高的问题。

2）施工时房间送风管应避开设备正上方，避免滴水影响设备运行的情况。

5.3.5 整改效果

在运营期间发现负荷计算严重超标，建议可根据现场情况增设单体空调设计，以满足房间内设备运行要求。

5.4 顶装区间射流风机安装不规范

5.4.1 现象描述

位于隧道顶部的射流风机存在固定螺栓安装不牢、风机自身安装不规范的问题，如图 5.3 所示。

图 5.3　区间射流风机安装现场

5.4.2　影响及后果

一是区间射流风机安装在隧道顶部，距离接触网较近，检修时需停电、挂地线、搭设登高架，作业准备工作量大且登高作业存在人员安全风险；二是采用顶部安装的射流风机及其部件，存在松脱掉落的风险，严重时将影响行车安全。

5.4.3　原因分析

（1）设计方面，一是未充分考虑射流风机的可维护性，射流风机安装于隧道顶部，距离接触网较近；二是风机固定方式上未针对隧道高频振动采取防松脱措施且固定螺栓设计承力不足。

（2）施工方面，一是用于射流风机安装的结构预埋件安装不牢，施工时未进行拉拔试验检查结构承力和螺栓安装工艺是否满足要求；二是风机安装不水平或叶轮不平衡产生异常振动，风机减振器安装不平衡；三是固定螺栓打孔时遇隧道顶部钢筋，造成固定螺栓安装不牢固；四是存在固定螺栓防松动垫片未安装、固定钢板与风机支架的焊接不牢固等问题。如图 5.4～图 5.6 所示。

图 5.4 区间射流风机减振器安装倾斜

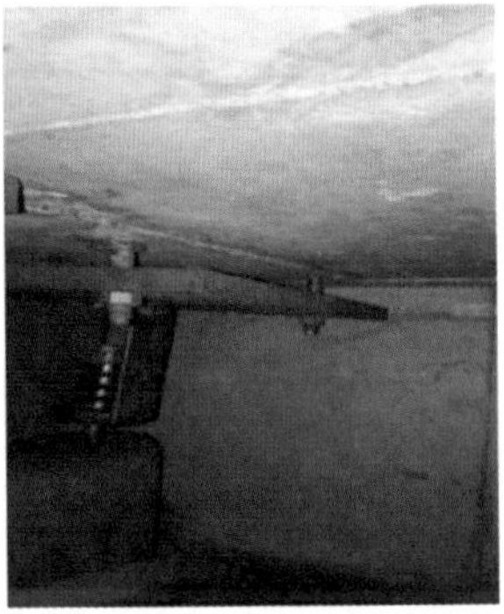

图 5.5 区间射流风机固定螺栓遇钢筋倾斜造成底板安装不规范

图 5.6 区间射流风机固定螺栓防松动垫片未安装

5.4.4 控制措施

（1）设计方面，一是在结构隧道空间条件允许的情况下，采用推力风机代替射流风机，降低射流风机坠落风险；二是在必须使用射流风机的区段考虑在扩大断面侧装；三是顶部安装的射流风机，应采取防松脱固定，并设置安全护链等防坠落措施。如图 5.7 所示。

（2）施工方面

严格卡控结构预埋件和射流风机防松脱固定施工质量，主要为以下几方面：

1）明确螺栓打孔规范，螺栓长度、规格、数量满足风机承重要求。一般射流风机安装固定螺栓采用 M16 后扩底锚栓，对于后扩底锚栓应具有耐火（120 min 耐火极限下承载力≥3 kN）、抗震动（最大地震加速度不低于 3g）、抗冲击（允许冲击荷载≥27 kN）、抗疲劳（循环拉力荷载测试中的循环次数≥105 次）等受力要求，并通过国

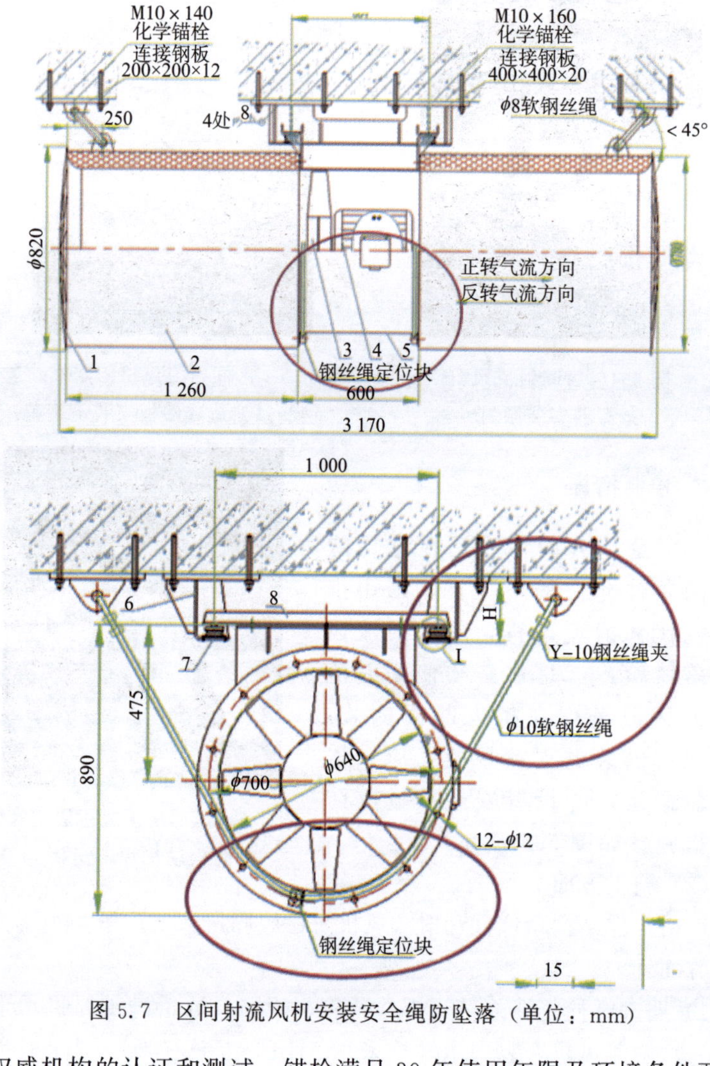

图 5.7　区间射流风机安装安全绳防坠落（单位：mm）

际权威机构的认证和测试。锚栓满足 30 年使用年限及环境条件要求，并通过国际权威机构的认证和测试。后扩底钢制锚栓的具体规格见表 5.2。

表 5.2 后扩底钢制锚铨规格

锚栓尺寸	M16			
有效锚固深度	100 mm			
混凝土型号	拉力设计荷载（kN）		剪力设计荷载（kN）	
	非开裂混凝土	开裂混凝土	非开裂混凝土	开裂混凝土
C25	37.0	24.0	50.2	48.0

2）采用防松动垫片。

3）射流风机安装应平稳、减震器安装规范。机身纵、横向水平度的允许偏差不得大于 0.2/1 000；射流风机（含前后消声筒）及附件应安装在设计的位置上。安装完毕的射流风机（含前后消声筒）及附件距建筑限界线不小于 100 mm，确保行车安全，并应维护方便。

5.4.5 整改效果

一是射流风机固定螺栓应标记防松脱线，并定期巡视检查紧固情况。对于未安装防松动垫片，重新安装自锁螺母或双螺母。二是加装护链等防坠落措施。

5.5 风管滴冷凝水或保温棉破损脱落

5.5.1 现象描述

空调风管、冷媒管经过电气设备上方，形成冷凝水易造成设备短路，如图 5.8 所示。

5.5.2 影响及后果

冷凝水滴落或保温棉破损脱落，将影响下方行车安全、站台门及电气设备正常运行。

图 5.8 保温棉脱落

5.5.3 原因分析

（1）设计方面

1）施工图设计阶段，专业设计间未有效对接，空调风管、冷媒管未考虑避开电气设备。

2）针对整流变压器室、端门外的风管保温，未考虑特殊环境影响，未采用有针对性的加固措施。例如：整流变压器室风管保温未考虑高发热设备对上方保温棉钉黏胶影响，长时间高温环境会加速其老化脱落，同时端门外风管受活塞风影响，破损机率变大。

3）设计保温层厚度不足，无法起到隔热作用，导致滴水。

4）对于穿越防火风区的排风兼排烟保温风管，采用的防火板未考虑防潮隔气处理，使防火板吸水造成滴水。

（2）施工方面

1）保温棉钉密度不够，未按照《通风与空调工程施工质量验收规范》GB 50243 的要求进行施工，保温钉粘帖不牢或者强度不够使保温棉固定不紧密而吸水脱落。

2）保温棉施工工艺不规范造成保温棉脱落。例如：风管顶面保温棉未粘帖，直接放在管路上，造成风管与保温棉之间有缝隙而影响保温棉效果，或者保温材料铺覆粘接不紧密，有空鼓，接缝不紧密有裸露，进而造成滴水。

3）其他施工影响。保温棉材料做好后，其他施工踩踏保温棉，造成保温棉损坏而漏水等。

5.5.4 控制措施

（1）设计方面

1）根据《城市轨道交通试运营基本条件》GB/T 30013 的规定：通风系统冷凝管道及送风口不宜布置在电气设备上方，对于布置在电气设备上方的，应加装相应的防护措施。在设计阶段，通风空调专业设计应充分调研各设备房电气设备布置情况，风管、冷媒管尽可能避开电气设备，对于确实无法避开实施加固措施。

2）空调送风风管保温设计，应考虑高温对其保温钉粘合剂影响，避免因长时间处于高温环境下造成的保温失效脱落，可采用保温棉外加玻璃丝布缠绕＋防火涂料两遍的加固措施。

3）对于维护空间小且保温棉脱落影响较大的区域，如端门外、站台靠近站台门的送风管保温应充分考虑加固措施，可采用保温棉外加玻璃丝布缠绕＋防火涂料两遍的加固措施。

4）保温层厚度应计算合理。一般空调风管保温外表面采用环保型离心玻璃棉板作保温材料，所有离心玻璃棉板外贴双层带筋铝箔或特强防潮防腐贴面，其中离心玻璃棉板密度 48 kg/m^3，导热系数≤0.033 W/m·K（平均温度 25℃），燃烧性能级别：A 级不燃材料。空调风管设置在空调环境内，保温厚度 $\delta=40$ mm；空调风管设置在无空调环境内，保温厚度 $\delta=50$ mm。

5）针对穿越防火分区的保温排烟风管增加防潮隔气处理，可在防火材料外面再附着防潮隔气层（铝箔贴面），减少空气中的水蒸气吸附而减少漏水。

（2）施工方面

1）合理安排工序，确认风管上方无水作业，以及风管上方管道、电气、消防等专业管线已安装完毕，以免大量交叉作业破坏保温层。

2）按照《通风与空调工程施工质量验收规范》GB 50243 的要

求：矩形风管及设备保温钉密度应均布，按底面不少于 16 个/m^2、侧面不少于 10 个/m^2、顶面不少于 6 个/m^2 的要求进行保温钉粘帖。同时粘帖后应待 12～24 h 后再铺覆保温材料。

3）保温棉施工严格按照工艺要求进行，如图 5.9 和图 5.10 所示。

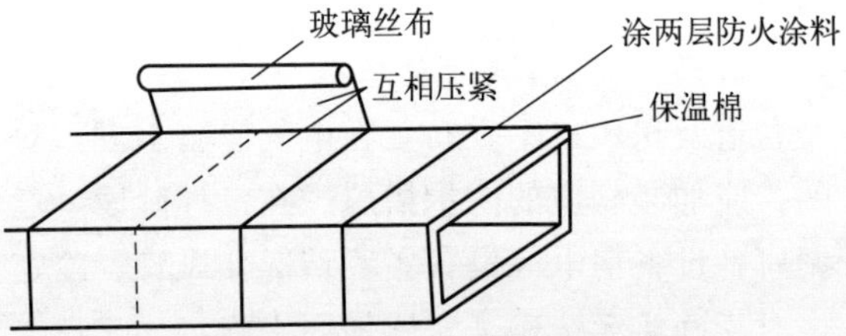

图 5.9 玻璃丝布＋防火涂料保温棉施工

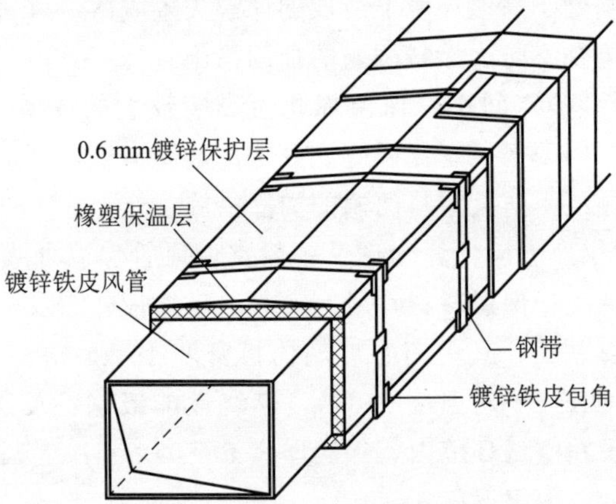

图 5.10 铁皮防护保温棉施工

5.5.5 整改效果

对经过电气设备上方或位于轨行区设备通道的风管、冷媒管采取特殊加固处理，如采用玻璃丝布缠绕加涂刷防火涂料，如图 5.11 所示。

图 5.11　保温棉脱落整改后效果

5.6　多联机空调管路滴水

5.6.1　现象描述

多联机空调管路位于机柜正上方易产生冷凝水滴至机柜，如图 5.12 所示。

图 5.12　多联机空调管路安装在配电箱正上方

5.6.2　影响及后果

一是多联机空调管路安装在用电设备上方，形成冷凝水滴落到机柜上，流进机柜内部，进而造成机柜内元器件保护动作、故障、损坏等；二是多联机内机排水不畅，造成设备房、过道积水严重，易造成人员滑到，同时影响多联机设备正常运行；三是安装在办公楼中间层的多联机外机造成楼下设备房或办公室漏水严重，影响办公或设备运行；四是多联机安装在配电设备上方，造成施工配合困难。

5.6.3 原因分析

（1）设计方面，一是未充分考虑现场实际情况，多联机空调管、冷媒管安装在用电设备上方；二是设备选型不合理或者排水管坡度设计不合理，选用壁挂式内机未充分考虑排水管设置问题，造成排水不畅；三是与相关结构、给排水等专业提资时，未考虑办公区外机冬季化霜排水问题，造成下层区域漏水严重。

（2）施工方面，一是壁挂式内机排水孔安装低于排水管路，造成排水不畅；二是冷凝水、冷媒管保温安装时不规范造成滴水。

5.6.4 控制措施

（1）设计方面，一是设计阶段复核电气设备房设备布局，多联机空调管、冷媒管安装时应尽量避开下方用电设备。二是对于多联机内机采用壁挂式内机时应充分考虑其排水设计，以不小于3‰的坡度排入排水沟、地漏或者卫生间。当坡度不满足要求时，应设置提升泵，以确保冷凝水有效排水。三是当多联机外机安装在办公楼中间层时，应考虑在地面做好防水处理，并考虑该区域有组织排水，确保下层房间不漏水。

（2）施工方面，一是壁挂式内机排水孔应高于排水管路，确保内机排水正常；二是冷凝水管场段用UPVC管，车站及中间风井用镀锌钢管；三是多联机冷媒管采用有盖槽式钢制桥架。地下站、高架站采用橡塑＋玻璃丝布＋防护漆＋防护桥架工艺，车辆段采用橡塑保温。

5.7 空调专业的其他问题

空调专业的其他问题、影响及解决措施见表5.3。

表5.3 空调专业其他问题、影响及解决措施

问题	影响	解决措施
冷却塔塔体较高，塔顶无围栏，爬梯周围无防护，爬梯未落地 	检修作业和故障处理时易发生坠落	在冷却塔塔顶及爬梯上加装围护设施

第6章　给排水专业

6.1　给排水专业主要质量通病概述

给排水专业问题主要集中在给排水线路中管路、附件、阀门等安装不规范，区间泵房、场段线路、风亭、废水泵房等排水不畅引起的防汛隐患以及给水、排水设备设施配套不齐全。

针对以上问题，一是设计上充分考虑后期维护、应急处置的可操作性以及与其他专业的影响，选型时应对各类候选项的优缺点进行充分研究，正确核算实际环境下的排水需求，在设备排水能力设置上应适当增加冗余；二是施工上在严格执行国家标准及设计要求的前提下，根据现场情况进行下料和安装，并加强进场验收检查及设备安装过程卡控，保证设备安装精度及质量。

6.2　涂塑（衬塑）排水管堵塞

6.2.1　现象描述

涂塑（衬塑）压力排水管内壁塑料脱落堵塞管道，导致排水不畅，如图6.1所示。

6.2.2　影响及后果

涂塑（衬塑）管内层塑料脱落后造成管道堵塞，车站雨、废水和区间废水无法排出，存在雨水、废水倒灌入车站及水漫轨行区的风险。

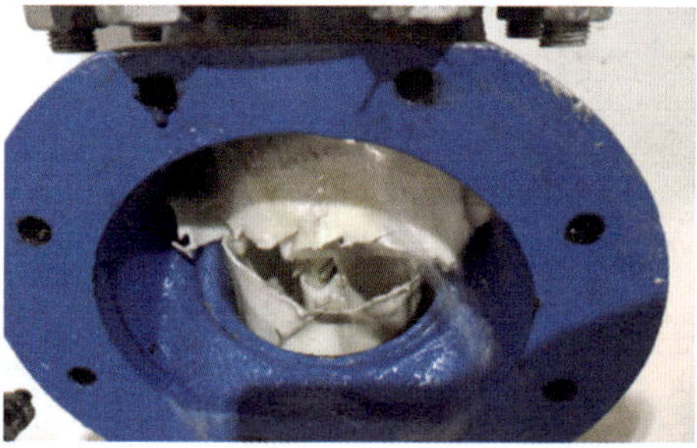

图 6.1　排水管内壁塑料脱落

6.2.3　原因分析

一是设计选型时未对涂塑（衬塑）管道二次加工后可能存在的内衬塑料脱落问题进行研判；二是施工前未认真核对设计图纸，提前计算管材尺寸，导致管材在现场进行二次下料、加工，经现场加工的管道接口处内涂层压接不紧，封边不严，无法达到原厂标准，经压力水源多次冲刷后易引起内层塑料的起层和脱落。

6.2.4　控制措施

设计选型时应对各类管材的优缺点进行充分研究，根据管道的不同作用合理选用相应管材；压力排水管材禁止在现场进行二次下料加工。

6.3　场段内给水管道漏水

6.3.1　现象描述

场段内主给水管道渗漏、爆管，如图 6.2 和图 6.3 所示。

6.3.2　影响及后果

造成场段内的生产、生活用水供给中断，场段内积水、漫水，水淹道床和线路等。

图 6.2　主给水管渗漏

图 6.3　漏水处理

6.3.3　原因分析

场段内给水管网采用了直埋敷设方式，对管道的腐蚀性较强，且在车行道处需承受较大的载荷，容易出现管道渗漏和爆管问题。

6.3.4　控制措施

利用综合管廊或管沟敷设给水管网，避免直埋敷设，同时也便于检修和漏点处理。

6.4　给水引入管车站端闸阀安装位置不合理

6.4.1　现象描述

给水引入管车站端闸阀安装位置过高，如图 6.4 所示。

6.4.2　影响及后果

受阀门安装位置影响，后期维护和应急情况处置较为困难，阀门发生渗漏或车站内给水管爆管后，无法便利地进行处置，可能造成站厅层公共区和设备区漫水。

图 6.4　生活给水总阀门安装位置过高

6.4.3　原因分析

未考虑阀门后期维护和爆管应急处置的可操作性，阀门位置设计不合理。

6.4.4　控制措施

将阀门设置在便于后期维护及操作的位置并严格按照设计图纸进行施工，保证阀门位置正确。

6.5　轨行区落水管及弯头安装不规范

6.5.1　现象描述

场段、车站轨行区排水沟处落水管出水口弯头未与道床面成 90°夹角，如图 6.5 所示；落水管出水口距排水沟高度超过 200 mm，如图 6.6 所示。

图 6.5 落水管弯头与道床面未成 90°

图 6.6 落水管出水口位置过高

6.5.2 影响及后果

一是落水管出水易冲刷道床，造成道床积水较多；二是废水容易飞溅到钢轨上，造成钢轨锈蚀。

6.5.3 原因分析

未根据现场情况进行管材的下料和安装，造成落水管出水口的弯头角度及高度不符合设计要求。

6.5.4 控制措施

施工前根据设计图纸确定安装位置，在现场核实具体尺寸及安装方式，确保下料尺寸准确，以达到轨行区排水沟处的落水管出水口弯头与道床面成 90°夹角，且出水口距排水沟高度不超过 200 mm 的设计要求。

6.6 区间消防管道、压力废水管过轨方式不规范

6.6.1 现象描述

区间消防管、压力废水管道过轨占用排水沟槽，如图 6.7 和图 6.8 所示。

图 6.7　消防管占用排水沟槽

图 6.8　压力废水管占用排水沟槽

6.6.2　影响及后果

区间排水沟槽的排水能力受限，废水无法畅通排入区间泵房集水井内，导致区间积水甚至淹没轨行区等问题。

6.6.3　原因分析

未单独设计消防管道、压力废水管道过轨沟槽，消防管道、压力废水管道占用排水沟槽过轨。

6.6.4　控制措施

严格按照“区间压力废水管应从道床预留槽内过轨，且应有防杂散电流腐蚀的措施”要求，做好消防管道、压力废水管道过轨预留沟槽的设计。

6.7　区间泵房集水井入水管排水能力不足

6.7.1　现象描述

区间泵房集水井入水管管径较小且单侧线路仅设置一根入水管，瞬时来水量增大或入水口水篦子被异物堵塞后，积水不能通过入水管畅通排入集水井内，如图 6.9 和图 6.10 所示。

图 6.9 区间泵房集水井入水管

图 6.10 入水口水篦子

6.7.2 影响及后果

区间积水不能顺利排入集水井内，可能造成水淹道床及线路的后果。

6.7.3 原因分析

一是进行集水井入水管设计时，对消防废水、结构渗漏水及冲洗废水水量计算存在错误，导致区间泵房集水井进水管管径设计过小；二是未考虑入水口被异物堵塞的情况，导致积水无法顺利排入集水井内；三是未按照设计图纸进行施工，导致进水口施工尺寸存在偏差。

6.7.4 控制措施

一是核算区间消防废水、结构渗漏水及冲洗废水水量，合理设计区间泵房集水井入水管尺寸（不小于 DN300）；二是增加冗余入水口，设置至少 2 个及以上的入水口并配备相应入水管路；三是严格按照设计图纸及施工工艺要求进行施工。

6.8 潜污泵耦合部位漏水

6.8.1 现象描述

潜污泵自耦装置耦合面不密贴，抽排水时存在漏水现象，如图6.11所示。

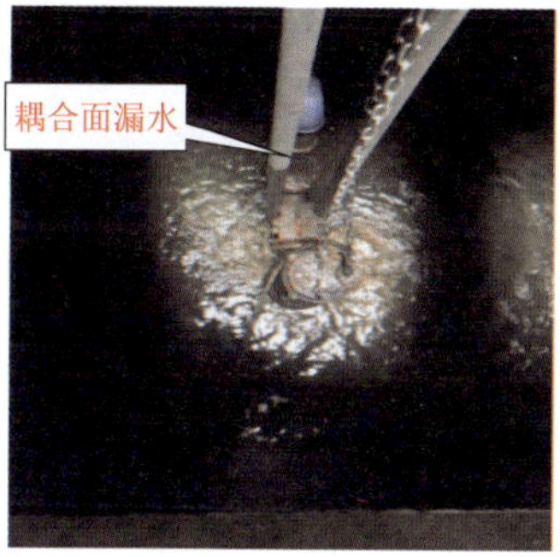

图6.11 潜污泵自耦装置耦合面漏水

6.8.2 影响及后果

潜污泵耦合部位漏水导致潜污泵的排水压力损失，水泵扬程减小，风亭、区间集水井内积水无法正常抽排，随着积水量的增加，可能导致风亭巡视困难、积水漫入轨行区等后果。

6.8.3 原因分析

一是潜污泵自耦装置加工误差较大，导致耦合面无法密贴；二是对潜污泵自耦装置安装精度控制不严，造成耦合部位间隙增大。

6.8.4 控制措施

加强潜污泵自耦装置耦合面配合间隙的进场验收检查；加强设备安装过程卡控，保证设备安装精度。

6.9 集水井内反冲洗管安装不规范

6.9.1 现象描述

集水井内反冲洗管未安装到位（管道未接至潜污泵入水口），无法对潜污泵入水口处杂物、淤泥进行冲洗，如图 6.12 所示。

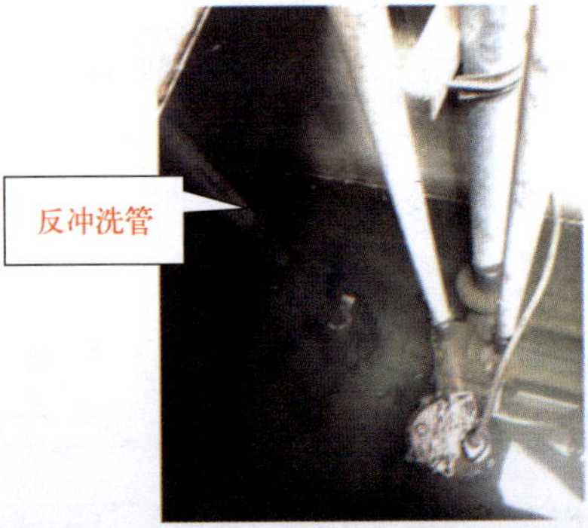

图 6.12　反冲洗管未安装到位

6.9.2　影响及后果

潜污泵泵口处杂物、淤泥堆积后，容易堵塞潜污泵，导致排水不畅和设备故障，随着积水量的增加，可能导致风亭巡视困难、积水漫入风道、积水漫入轨行区等后果。

6.9.3　原因分析

一是部分集水井未对集水井反冲洗管进行设计；二是部分设计了反冲洗管的集水井，未严格按照设计图纸中反冲洗管安装要求进行管材的下料和安装。

6.9.4　控制措施

对集水井反冲洗管进行设计，并严格按照设计图纸进行施工，并保证施工质量，避免泵口淤泥、杂物沉积而造成潜污泵堵塞。

6.10　压力排水管阀门安装位置不合理

6.10.1　现象描述

压力排水管阀门安装位置过高，且无检修平台，不便于后期维修，如图 6.13 所示。

6.10.2　影响及后果

压力排水管阀门发生故障后，无法对阀门进行检修，集水井内积水无法顺利排出，随着积水量的增加，造成风亭巡视困难、积水漫入风道、影响通风设备正常运行等问题。

6.10.3　原因分析

一是部分压力排水管阀门设计安装位置不合理，且未考虑设计检修平台；二是部分压力排水管未严格按照设计图纸进行施工，更改了阀门安装位置。

图 6.13　压力排水管总阀门安装位置过高

6.10.4　控制措施

充分考虑阀门后期维保的便利性，合理设计阀门安装位置和检修平台，并严格按照设计图纸进行施工，保证阀门的安装位置准确。

6.11　一体化污水提升设备液位传感器选用不合理

6.11.1　现象描述

一体化污水提升设备电极式液位传感器选用不合理导致其失效，如图 6.14 所示。

图 6.14　电极式液位传感器探针锈蚀

6.11.2 影响及后果

电极式液位传感器探针被锈蚀或被异物缠绕而失效，导致误报警或集水箱污水漫出，对运营质量和维保管理造成不良影响。

6.11.3 原因分析

一是未根据一体化污水提升装置的实际使用环境（主要处理卫生间污水，夹杂的异物多且腐蚀性强）对液位传感器进行合理选型；二是电极式液位传感器探针未安装隔离套管进行保护或安装不牢固套管脱落后，导致探针易被异物缠绕。

6.11.4 控制措施

一是液位传感器设计选型时采用压力传感器，避免出现探针锈蚀或异物缠绕误报警的情况；二是配备冗余液位超高液位保护传感器，避免压力传感器失效后污水漫出；三是确保压力传感器的隔离套管安装到位且固定牢靠。

6.12 洞口雨水泵房潜污泵启停频繁

6.12.1 现象描述

洞口雨水泵房内大功率潜污泵频繁启停导致水泵损坏，如图6.15所示。

图6.15 泵房采用大功率潜污泵

6.12.2 影响及后果

洞口雨水泵房水泵损坏后，导致排水能力不足，在暴雨天气下，可能造成雨水漫入轨行区，影响行车安全。

6.12.3　原因分析

由于泵房配置的潜污泵功率较大，排水能力较强，在日常雨量及结构渗水量不大时，潜污泵启泵与停泵之间的时间间隔较短，频繁的启停容易引起水泵故障。

6.12.4　控制措施

在洞口泵房内增设功率相对较小的潜污泵，用于日常结构渗漏水和雨水的排放，避免大功率潜污泵频繁启停。

6.13　室外压力消能井井盖开启困难

6.13.1　现象描述

室外压力消能井井盖自重大、井盖钩强度不足，如图 6.16 所示。

图 6.16　混凝土结构井盖

6.13.2　影响及后果

由于室外压力消能井井盖开启困难，无法检查室井内情况，若发生管道堵塞，雨水、废水无法顺利排入市政管网，可能造成雨水废水倒灌入车站的后果。

6.13.3　原因分析

一是井盖为钢筋混凝土结构，自重大，同时井盖钩设计强度不足，造成井盖开启困难；二是井盖制造加工尺寸误差大，导致井盖与井口配合间隙较小，开启困难。

6.13.4　控制措施

一是对井盖结构、材质进行优化设计，减小井盖重量，对井盖钩强度进行核算并加设井盖锁闭装置；二是严格按照设计图纸中盖板整体尺寸进行加工，避免加工误差。

6.14　场段线路排水沟设置不合理

6.14.1　现象描述

露天场段股道间无排水沟，如图 6.17 所示，或排水沟位置位于道床下或离道床太近，如图 6.18 所示。

图 6.17　股道间无排水沟

图 6.18　排水沟离道床过近

6.14.2　影响及后果

一是股道间无排水沟，降雨可能导致水淹道床；二是排水沟位于道床下或离道床太近易被道砟堵塞，影响管沟排水，增大清沟作业量。

6.14.3　原因分析

一是设计对露天场段排水量估算不足，导致股道间未设置排水沟；二是路基专业设计与轨道专业设计间统筹协调不足，导致排水沟位置与道床距离太近。

6.14.4　控制措施

一是露天场段各股道间均应设置排水沟；二是站场路基专业设计同轨道专业设计做好对接，确保水沟位置合理，避免出现道砟堵塞排水沟的现象。

6.15　既有线路与延伸线路接驳段集水井无排水设备

6.15.1　现象描述

既有线路与延伸线路接驳段集水井无排水设备，如图 6.19 所示。

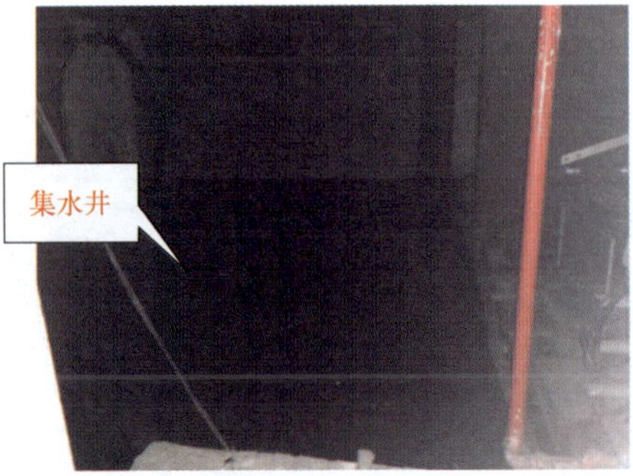

图 6.19　既有线路与延伸线路接驳段集水井

6.15.2　影响及后果

由于该集水井设置在线路端头的区间内，日常无法进行巡检和值守，随着结构渗水量的增加，可能造成积水漫入轨行区的后果。

6.15.3 原因分析

设计遗漏设置既有线路与延伸线路接驳段集水井排水设备。

6.15.4 控制措施

当既有线路开通与该集水井填埋施工时间小于1年时，根据该处结构渗水量的大小选择1台临时潜污泵放置在集水井内，潜污泵运行及水位状态接入BAS系统进行监控，待集水井填埋施工时取出。当既有线路开通与该集水井填埋施工时间大于1年时，根据该处结构渗水量的大小配备2台潜污泵，互为备用，潜污泵运行及水位状态接入BAS系统进行监控，待集水井填埋施工时拆除。

6.16 消防给水管道阀门选型不合理

6.16.1 现象描述

消防给水管道阀门采用无启闭刻度的暗杆闸阀，如图6.20所示。

图6.20 消防管采用无启闭刻度的暗杆闸阀

6.16.2　影响及后果

无法直观地查看阀门开闭状态。若阀门处于关闭状态，车站发生火情后，无法及时提供消防水源，造成火势扩大的后果。

6.16.3　原因分析

消防给水管道阀门未按照 GB 50974—2014《消防给水及消火栓系统技术规范》中 8.3.1 条第 2 款“室内架空管道的阀门宜采用蝶阀、明杆闸阀或带启闭刻度的暗杆闸阀等”[6]要求进行设计。

6.16.4　控制措施

按照 GB 50974—2014《消防给水及消火栓系统技术规范》中 8.3.1 条第 2 款的要求进行设计和施工。

6.17　消防管过轨道床段接头设置不合理

6.17.1　现象描述

消防管道区间过轨道床段使用橡胶接头，如图 6.21 所示。

图 6.21　消防管道过轨段采用橡胶接头

6.17.2 影响及后果

在反复行车振动过程中，橡胶接头处容易松动，出现消防管爆管，造成消防水源淹没轨行区，影响行车安全。

6.17.3 原因分析

施工时，未严格按照设计图纸进行管材的下料和安装，在消防管区间过轨道床段设置橡胶软接头。

6.17.4 控制措施

施工时，认真核对设计图纸，并根据现场实际情况进行消防管材的下料和安装，保证过轨道床段的消防管无接头。

6.18 消防管过轨安装不规范

6.18.1 现象描述

消防管区间过轨道床段距钢轨底部距离不足且无绝缘保护措施，如图 6.22 所示。

图 6.22 消防管距轨底面间隙小且无绝缘措施

6.18.2　影响及后果

列车在行进过程中容易出现打火现象，影响行车安全。

6.18.3　原因分析

一是未严格按照设计图纸施工，导致消防水管与钢轨安全间隙较小；二是在钢轨底部与消防水管之间未采取绝缘保护措施。

6.18.4　控制措施

消防水管在区间过轨道床段与钢轨底部应保证预留 2 cm 及以上间隙，并增加绝缘保护措施。

6.19　区间消防给水管电动蝶阀安装位置不合理

6.19.1　现象描述

车站向区间供水的消防给水干管上的电动蝶阀安装在轨行区内，如图 6.23 所示。

图 6.23　消防管道电动蝶阀安装在轨行区

6.19.2 影响及后果

一是在运营时段发生设备故障不便于及时进行维护；二是若区间消防水管发生爆管，且电动蝶阀控制无效时，无法及时关闭手动阀门，可能导致区间积水甚至淹没轨行区。

6.19.3 原因分析

电动蝶阀的设置位置未考虑后期运营维保和应急处置的可操作性。

6.19.4 控制措施

将车站向区间供水的消防给水干管上的电动蝶阀安装在站厅层设备区，便于运营时段的维护操作及应急处置。

6.20 区间消防管道连接方式不合理

6.20.1 现象描述

区间消防管道承插连接部位漏水，如图 6.24 所示。

图 6.24 区间消防管道承插连接部位漏水

6.20.2 影响及后果

区间消防管道连接处易发生泄漏，加之铸铁管道自身重量较大，管道拆卸及维修困难。

6.20.3　原因分析

承插式连接施工质量无法达到工艺要求，导致连接处易渗漏。

6.20.4　控制措施

一是将区间消防管道连接方式改为沟槽式或法兰连接，便于后期管道拆卸和检修；二是严格按照设计图纸及施工工艺进行施工，保证施工质量。

6.21　给排水专业的其他问题

给排水专业其他问题、影响及解决措施见表 6.1。

表 6.1　给排水专业其他问题、影响及解决措施

序号	问　题	影　响	解决措施
1	车站给水引入管前后未安装闸阀 	若发生车站给水管路爆管，无法对市政给水进行断流，可能造成站厅层、站台层、设备区和轨行区漫水	在水表前后分别设置闸阀，便于紧急处置险情
2	污水泵房、废水泵房内未设置冲洗池和末端给水设备 	若泵房内设备发生故障，将无法对泵房内部墙、地面及设备进行清洗，造成污、废水沉积，泵房恶臭	设置冲洗池和冲洗管

续上表

序号	问　　题	影　　响	解决措施
3	风亭变形缝接水槽下无排水设施 	地面积水无法排走，可能造成车站巡视困难、漫水、地面结构渗漏故障、积水恶臭等问题	在风亭变形缝接水槽处设置排水沟
4	夹层风亭无检修爬梯，无法从站内进入风亭检修排水设备 	排水设备发生故障后，无法从站内进入夹层风亭检修，随着积水量的增加，风亭积水漫入风道内，损坏通风设备	在夹层风亭设置检修爬梯
5	风亭集水井未设置进水口 	雨水从风亭进入车站后，无法顺利排入集水井中，造成风亭巡视困难、积水漫入风道，影响通风设备正常运行	预留集水井顶进水口或将集水井盖板设计为镂空状

续上表

序号	问　　题	影　　响	解决措施
6	集水井内无固定爬梯 	集水井内排水设备发生故障不能及时下井进行检修，若采用活动式爬梯，容易造成检修人员摔伤的后果	设置集水井内固定式爬梯
7	污水泵房内无集水井 	一体化污水提升装置发生故障后，事故污水无法排出，导致停用公共卫生间、污水会流入站台板下夹层，甚至有流入轨行区的风险	在污水泵房内设计集水井，并设置辅助排污泵
8	车站内无消防增压设施	消火栓、消防喷淋头等供水压力不足甚至供水中断	对不能满足消防供水压力要求的车站，增设消防增压、稳压设施
9	未设计消防水池冗余的液位控制保护措施  	消防水池浮球阀出现故障后，无法自动关闭水池给水电动阀门，造成水淹消防泵房的后果	在消防水池溢流口设计液位传感器，且能对给水电动阀门进行控制

续上表

序号	问　　题	影　　响	解决措施
10	消防喷淋头未安装集热罩  	降低喷淋头的反应速度，延迟喷淋头的爆破喷水时间	确保所有喷淋头均安装集热罩
11	集水井盖板未设置检修提手 	集水井盖板开启困难或无法开启，当设备出现故障时，不能及时进行检修及巡视，可能导致积水漫入轨行区等后果	设置集水井盖板检修提手
12	电缆通道内集水井无排水设备	电缆通道内积水无法排出，积水淹没电缆及通道内设备控制柜，导致设备故障	电缆通道内所有集水井内设置排水设备

第7章　供电专业

7.1　供电专业主要质量通病概述

供电专业典型问题主要体现在外电线路被盗、电缆线路选择不合理、GIS漏气、钢轨电位偏高、系统保护定值匹配度不高、框架绝缘值偏低、控制电源可靠性低、设备布置不利于检修等。

针对以上问题，一是设计上明确接口专业需求并系统性制定设计方案，在设计施工图纸出图阶段，加强专业接口图纸的审查力度；二是施工上，应严格遵守设计要求，做好成品防护措施，改进施工工艺确保施工质量，对于施工过程中存在的疑问及接口问题应及时提出，对接设计落实解决方案，防止盲目施工。

7.2　环网电缆外护套破损

7.2.1　现象描述

环网电缆中间接头护套出现破损开裂、回缩等现象，尤其在高架段环网电缆中间接头内、外护套发生回缩较为严重，导致电缆外部绕包的防水胶带、绝缘胶带等被拉断裂，钢带铠装层裸露在外，甚至出现断裂，如图7.1和图7.2所示。

7.2.2　影响及后果

（1）设备运行方面，环网电缆外护套破损会使电缆外层防水等结构局部受损，导致绝缘降低产生放电，严重时可能导致主绝缘被击穿，造成环网电缆故障，影响供电系统稳定运行。

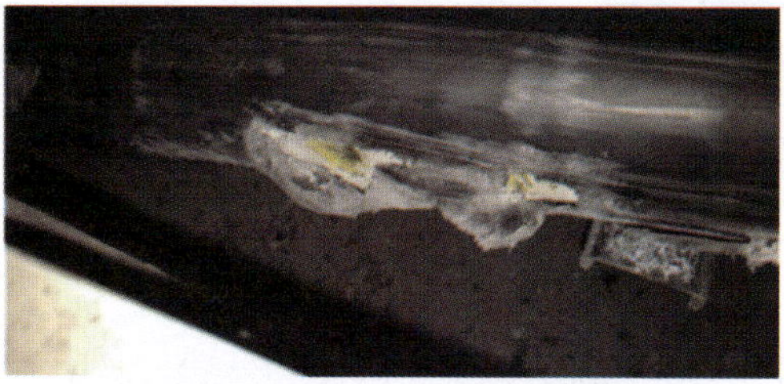

图 7.1 环网电缆外护套破损

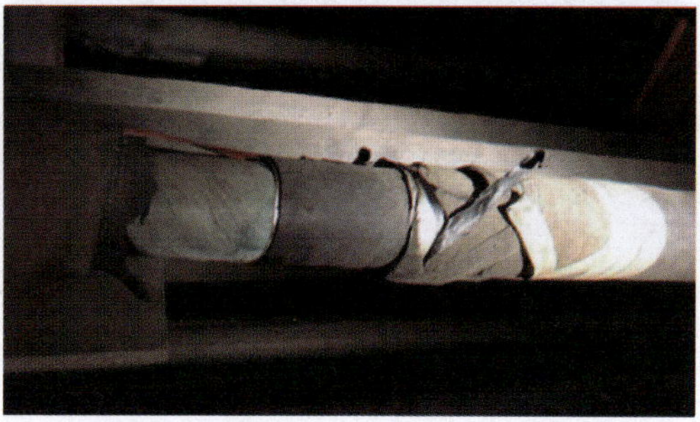

图 7.2 环网电缆中间接头护套回缩

(2) 安全方面，若环网电缆外护套受损，可能导致内护套及主绝缘受损，电缆对支架等附属设施放电，日常检修巡视人员有误碰电缆而造成触电等人身伤害的风险。

7.2.3 原因分析

(1) 电缆护套材质方面，35 kV 环网电缆采用低烟、无卤、阻燃的 A 类电缆，电缆外护套采用聚烯烃，为达到低烟、无卤、阻燃的要求，护套生产过程中需在混合料聚烯烃中添加大量无机阻燃添加剂，造成外护套拉伸性能下降，受环境等因素影响造成电缆护套开裂等。

(2) 电缆制作工艺方面，由于护套混合料中含有较多的添加剂导致材料硬度较高，生产过程中在进行挤塑时产生的热量较大，挤制护套比较困难，在生产过程中受挤出温度、冷却速度、冷却媒介等因素的影响，可能造成晶体排列不规则，会在护套内部产生较大的应力，电缆受热后产生破坏性影响，影响外护套结构。

（3）施工方面，环网电缆现场施工安装时因施工人员在电缆敷设过程中未做好成品防护，将电缆直接放在地面上进行拖行，使电缆长时间与地面摩擦，导致外护套磨损，电缆敷设完成后没有对电缆的外观进行检查，造成电缆外护套的破损。

（4）敷设环境方面，当电缆敷设在高架段或长时间暴露在户外环境时，长期受到日晒等恶劣天气影响，在运行过程中出现外护套破损和中间头回缩现象。

7.2.4 控制措施

（1）施工方面，电缆敷设前，做好电缆成品防护，改进敷设施工工艺，严禁拖行电缆。敷设完成后对敷设的电缆进行全面仔细的外观检查，发现有外护套破损的应立即进行修复并做好位置记录。

（2）后期防护方面，在高架段电缆支架增加遮挡，减少阳光暴晒、雨雪等恶劣天气对电缆造成的“热胀冷缩”等不良影响。

7.2.5 整改效果

利用防水胶带、矿业胶带、铠装带、铜编织带等材料对中间接头进行修复处理，若中间接头收缩严重，主绝缘受到损坏则采取整体更换中间接头的修复措施。后续对中间接头运行状态进行观察并测温，设备运行稳定，状况良好。如图7.3和图7.4所示。

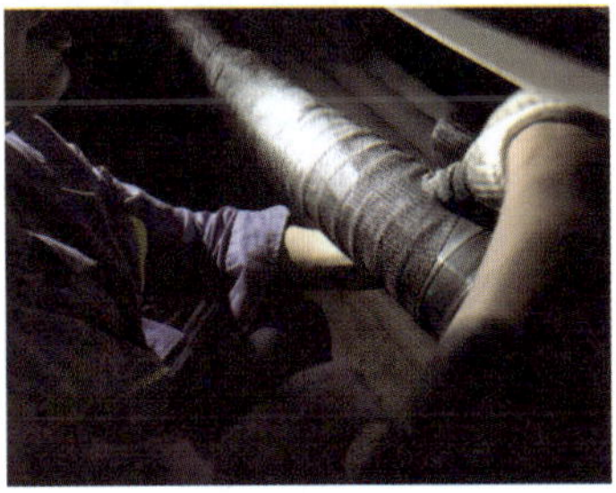

图7.3 护套回缩整改过程

图7.4 现场电缆整改后效果

7.3　35 kV GIS 开关柜漏气

7.3.1　现象描述

35 kV GIS 高压开关柜法兰连接处漏气，严重时开关柜产生低气压报警、闭锁等现象，如图 7.5 所示。

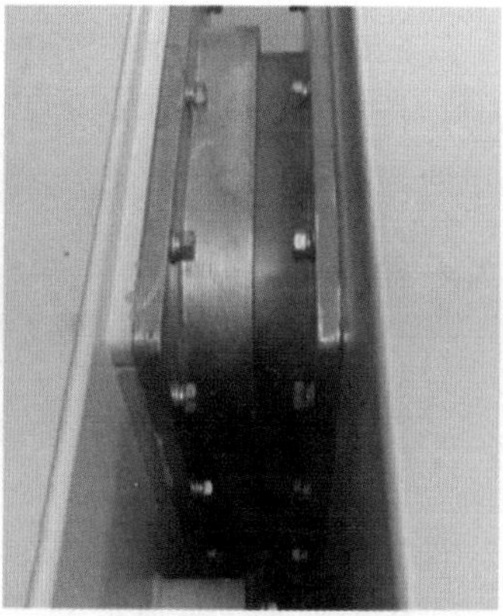

图 7.5　35 kV 开关柜法兰连接漏气处

7.3.2　影响及后果

（1）设备运行方面，一是 35 kV GIS 开关柜漏气导致气体压力下降，在特定条件激发下，可能造成短路故障；二是漏点处密封不严可能导致水分渗入，含水量较高的气体在电弧作用下被分解，SF_6 气体与水分产生多种水解反应，产生 WO_3、CuF_2、WOF_4 等粉末状绝缘物，其中 CuF_2 有强烈的吸湿性，附在绝缘表面，降低绝缘性能，HF、H_2SO_3 等具有强腐蚀性，对固体有机材料和金属有腐蚀作用，缩短设备寿命。

（2）安全方面，SF_6 气体在电弧作用下分解成化合物 WO_2、SOF_4、SO_2F_2、SOF_2、SO_2 等有毒物质，气体泄露至大气中威胁人身健康。

7.3.3　原因分析

（1）35 kV GIS 开关柜采用法兰连接方式，法兰连接处采用密封胶圈进行密封，密封胶圈在建设期间未做好防护措施造成划痕，安装使用后随着设备长期运行，密封胶圈由于热胀冷缩造成划痕处漏气。

（2）由于开关柜采用法兰连接，对预埋件、开关柜柜体的高度差精度要求较高，但开关柜靠近轨行区，受过车振动等原因造成法兰位移，进而导致开关柜漏气。

7.3.4　控制措施

（1）设计方面，采用套管软连接代替法兰连接的方式，避免因高度差造成开关柜漏气。

（2）施工方面，开关柜安装过程严格落实设备安装工艺要求，严格按照施工质量验收标准卡控基础预埋件标高及平整度；针对密封胶圈等关键性设备，在安装前做好防护措施，在使用时做好检查工作。

7.3.5　整改效果

更换开关柜连接法兰及内部密封胶圈，并进行相关测试，密封良好，气室内绝缘良好，如图 7.6 和图 7.7 所示。

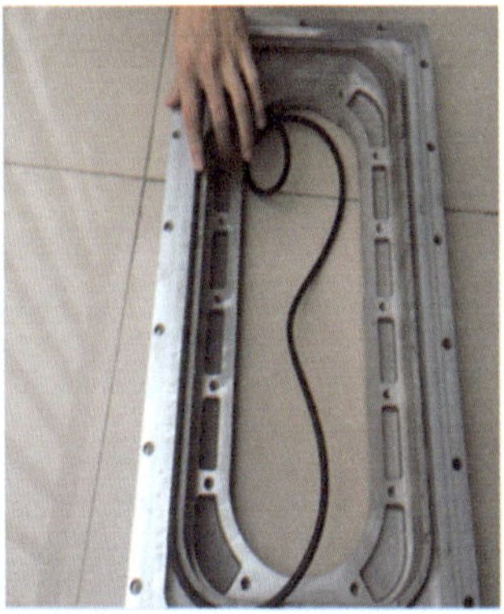

图 7.6　法兰连接处密封圈

图 7.7　法兰连接

7.4　直流系统蓄电池使用寿命不满足设计要求

7.4.1　现象描述

早期开通线路交直流屏蓄电池的老化情况严重，出现多起蓄电池欠压、漏液、鼓包等问题，如图 7.8 所示。

图 7.8 蓄电池腐蚀、漏液、鼓包实物图

7.4.2 影响及后果

(1) 设备运行方面，蓄电池老化造成整组蓄电池容量下降，事故停电或负荷切换过程中，无法提供正常可靠的工作电源，造成保护测控装置无法正常工作，特别是电保持型直流断路器，电压过低导致无法保持合闸状态引起跳闸，可能造成行车中断等严重后果。

(2) 安全方面，蓄电池内部电解液含有多种重金属及化合物，漏液引发浓烟、爆炸起火，电解液接触到皮肤可能导致皮肤化学烧伤，存在安全隐患。

7.4.3 原因分析

(1) 蓄电池运行环境不满足要求。蓄电池采用阀控式密封铅酸胶体蓄电池，浮充使用寿命大于 15 年，铅酸蓄电池的设计寿命是基于既定的环境条件（25℃的基准温度下，干燥、洁净的环境等）和运行工况。实际使用环境的温度通常高于理论要求 3℃～5℃且随时间、季节有波动，同时建设期间电池较长时间处于无空调、清洁条件差的环境中，采用临时交流电源可靠性差，易造成蓄电池深度放电，从而降低蓄电池使用寿命。

（2）同组蓄电池存在差异。蓄电池组出现个别电池指标异常时，未使用同厂家、同型号、同批次的蓄电池更换，造成蓄电池的内阻不平衡，影响整组蓄电池组的性能，从而缩短整组蓄电池的使用寿命。

7.4.4 控制措施

在建设期间，施工单位应严格遵守设计规范，确保蓄电池间距合理、连接线安装紧固可靠，存放环境清洁、干燥。在设备正式投运前，不得使蓄电池带负荷。

7.4.5 整改效果

对老化蓄电池进行整组更换，保证适宜的运行环境，同时按规程做好预防性维护，此问题得到较大改善。

7.5 检修人孔位置设置在变压器网栅内

7.5.1 现象描述

变压器室检修人孔设置于变压器网栅内，无法与带电设备隔离。

7.5.2 影响及后果

（1）设备维护方面，由于该检修人孔位于变电所网栅内，属带电区域。变压器正常带电情况下，巡视人员无法经此检修人孔下到电缆夹层。

（2）安全方面，电缆夹层为多专业共用区域，维保人员如果通过该检修人孔从电缆夹层误入变压器网栅内，可能引发触电事故，若遇电缆夹层火灾等紧急情况，人员疏散不便。

7.5.3 原因分析

（1）设计方面，接口设计资料不够明确，人孔设置位置未考虑设备房功能及安全防护要求，变压器室未结合房间实际条件及开门情况合理布置隔离网。

（2）施工方面，施工测量、交底及现场核查力度不足，未结合运行规程要求根据实际条件设置网栅，盲目施工。

7.5.4 控制措施

（1）设计方面，接口设计资料中应明确设备房间开门方向及变压器网栅安装原则等。在设计施工图纸出图阶段，加强专业接口图纸的审查力度。

（2）施工方面，施工单位进场以后，严格落实现场施工指导及核查工作，监理单位做好过程监控。对于施工过程中存在的疑问及接口问题应及时提出，对接设计落实解决方案，防止盲目施工。

7.5.5 整改效果

对带电区域内检修人孔采取永久性封堵措施，同时在盖板下方张贴禁止进入的安全警示，防止人员误入带电区域。整改效果如图 7.9 所示。

图 7.9　焊接盖板整改后效果

7.6 35 kV 开关柜内二次连接线破损

7.6.1 现象描述

35 kV 开关柜低压室过门线在柜门开关过程中产生磨损现象，导致二次连接线绝缘破损接地，从而造成测控装置失电、信号异常等故障发生，如图 7.10 所示。

图 7.10 35 kV 开关柜内二次连接线破损

7.6.2 影响及后果

（1）设备运行方面，一是过门线主要包括测控装置电源回路、控制信号回路，绝缘破损接地后，可能造成上级空开跳闸失电或控制电压异常，本台开关柜保护功能、测控功能失效、信号异常；二是所用电源直流母线电压受到影响，严重情况下会造成全所保护测控装置不能正常工作，此时若发生设备故障，则需由上级电源后备保护切除故障，扩大事故停电范围。若 DC 1 500 V直流开关断路器采用电保持机构，则会因保持电压过低，造成全所直流断路器跳闸，影响接触网正常供电。

（2）安全方面，35 kV 开关柜内二次连接线绝缘破损，造成设备外壳带电，在设备接地状态不佳或其他异常情况下，存在运维人员触电的安全隐患。

7.6.3 原因分析

布线路径选择较为随意，未避开螺栓等尖锐物；同一路径电缆数量较多，过门处电缆过门线预留长度不够，韧性不足，采用绑扎方式处理后，电缆长期受力且相互间摩擦力增大。

7.6.4 控制措施

（1）设计方面，选择软电缆，合理设置布线路径及方式；充分考虑保护测控装置外形尺寸、开关行程，预留足够的过门线长度。

（2）生产方面，减少同一路径电缆数量，布线时避开尖锐物，同时做好安装后的复检。

7.6.5 整改效果

既有线使用伸缩编织网状材料包裹线缆，并在线缆外部增加防护材料，同时解除绑扎带减少线缆间摩擦。效果如图 7.11 所示。

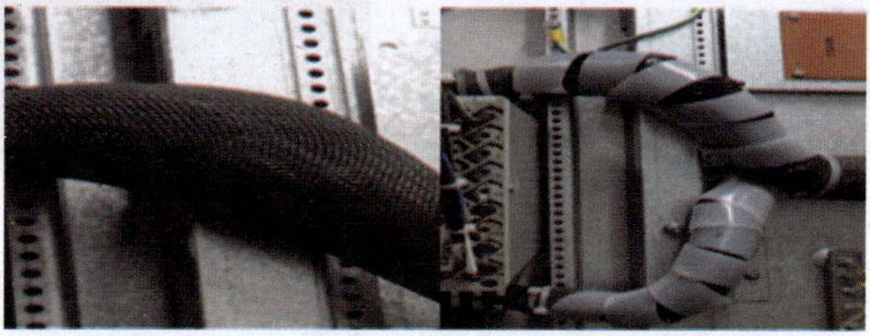

图 7.11 整改后效果

7.7 110 kV 电力电缆防盗技术措施不足

7.7.1 现象描述

110 kV 外电电缆作为城市电网向地铁供电的重要传输介质，由于防盗技术措施不足，导致外电接地电缆、同轴电缆、井盖以及相关附属设备多次被盗，如图 7.12 所示。

7.7.2 影响及后果

（1）设备运行方面，110 kV 电缆交叉互联接地及直接接地电缆

图 7.12 井盖及接地电缆被盗情况

被盗，当系统遭受操作过电压或雷电冲击时，屏蔽层上形成较高的感应电压，导致电缆屏蔽层环流增加引起电缆发热，影响电缆的载流量，缩短电缆的使用寿命，严重时可能击穿电缆护套，影响地铁供电系统的安全可靠运行。

(2) 安全方面，置于道路或人行通道上的电缆井盖遗失，威胁道路行车、行人安全，引发交通事故或人身伤害事故。

7.7.3 原因分析

井盖与井圈的衔接部分强度较低，井口能轻易开启，不满足《国家电网公司电力设施保护工作管理办法》第二十四条“电缆走廊上应按要求设置警示标志，电缆隧道、沟道井盖应采取防盗措施”的要求。

7.7.4 控制措施

电缆走廊采用防盗窃功能的井盖或其他防盗措施。

7.7.5 整改措施

将外电线路上的井盖从内部安装防盗锁，在井盖下方加装防盗铁链，如图 7.13 所示，减少因井盖遗失造成的安全事故及财产损失，降低相关外电接地电缆被盗引起的运行风险。

图 7.13 整改后的防盗锁设置图

7.8 正线设备房封堵不严、所内设备积灰

7.8.1 现象描述

变电所设备房电缆夹层检修孔洞、电缆安装孔洞、设备散热孔洞等由于封堵不严，轨行区的颗粒灰尘、金属粉尘等进入设备房及设备柜体内，导致变电所设备房柜体积灰严重。

7.8.2 影响及后果

（1）设备运行方面，灰尘进入设备房，依附于设备表面，影响设备绝缘性能及散热，同时增加维护工作量，影响供电设备的安全可靠运行。

（2）人身健康方面，设备房内可吸入颗粒升高，检修及巡检人员在作业过程中可能吸入过多金属粉尘及灰尘，影响身体健康。

7.8.3 原因分析

（1）设计方面，与轨行区相连的设备房门密闭性较差，设备的散热部位设置在底部。

（2）施工方面，施工工艺卡控不严，导致变电所设备房电缆夹层与电缆夹层相连的检修孔洞、设备电缆孔洞、设备与预埋件之间缝隙封堵不严。

7.8.4 控制措施

（1）设计方面，优化设备柜体及散热孔洞设计。

（2）施工方面，加强施工工艺卡控，设备内电缆孔洞、门缝、预埋件缝封堵严实。

7.8.5 整改效果

对设备底部电缆孔洞、设备安装缝隙、门缝等进行封堵后，设备运行环境得到较大改善。

7.9 跟随所控制电源可靠性低

7.9.1 现象描述

跟随式变电所配电变压器温控器控制电源设置为 AC 220 V，直接引自跟随所内另外一段 400 V 低压开关柜，检修作业过程中易引起通信中断，不利于监测设备运行状态，如图 7.14 和图 7.15 所示。

7.9.2 影响及后果

采用 400 V 开关柜或配电变 400 V 侧进线交流电源时，遇 400 V 低压开关柜故障或检修作业失电时，造成温控器失电，设备现场监控信息无法实时上传，影响配电变压器状态监测、温控器超温保护等功能，降低供电系统的可靠性。

7.9.3 原因分析

（1）设计方面，考虑跟随所一般距变电所控制室较远，从所内交直流电源取电，电缆路径长、敷设环境复杂、电压降损耗较大等原因，变压器温控器直接从 400 V 开关柜母线或 400 V 进线开关电源侧取电。

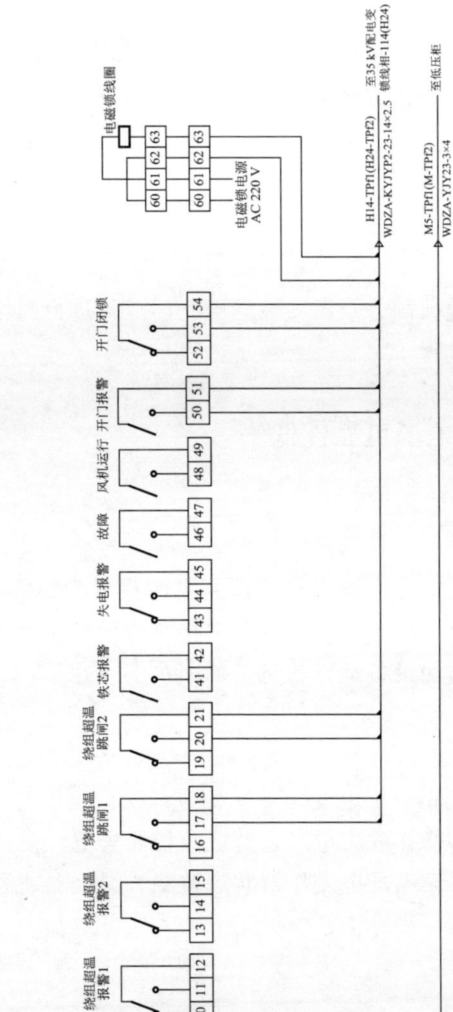

图 7.14　跟随变压器温控器端子排

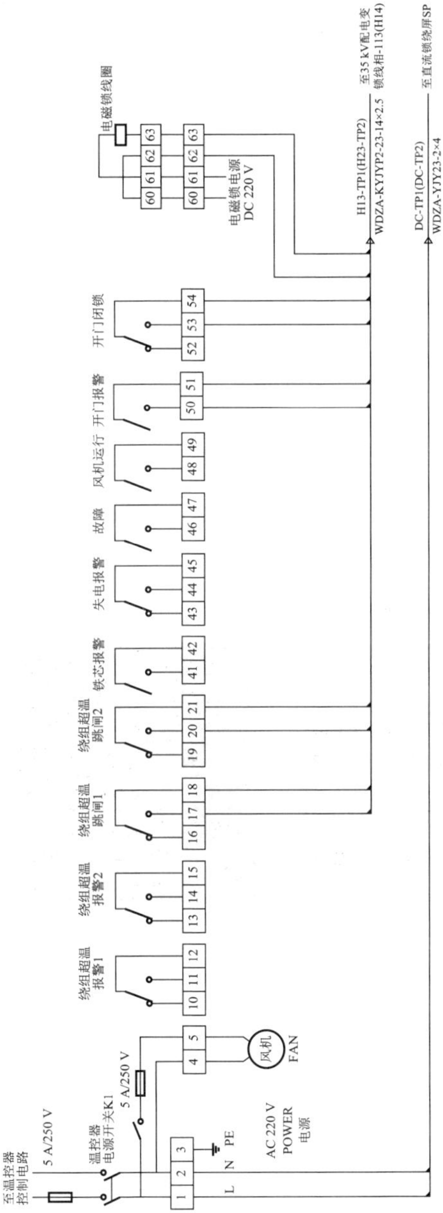

图 7.15 配电变压器温控器端子排

（2）施工方面，部分设计合理的线路施工单位未按图施工，跟随所控制电源由 400 V 低压开关柜就近接入，未从交直流屏取控制电源。

7.9.4 控制措施

（1）设计方面，对供电设备控制电源设置原则、供电可靠性需求进行统一明确，对长距离直流电源供电的可靠性进行核实，充分考虑线径大小及敷设路径或考虑设置小型不间断电源，满足末端压降要求。

（2）施工方面，加强过程控制和验收检查，确保严格按图施工。

7.9.5 整改效果

利用跟随变压器温控器通信线缆通道将变压器控制电源接入交直流系统交直流屏，有效提升了温控器控制电源可靠性，如图 7.16 所示。

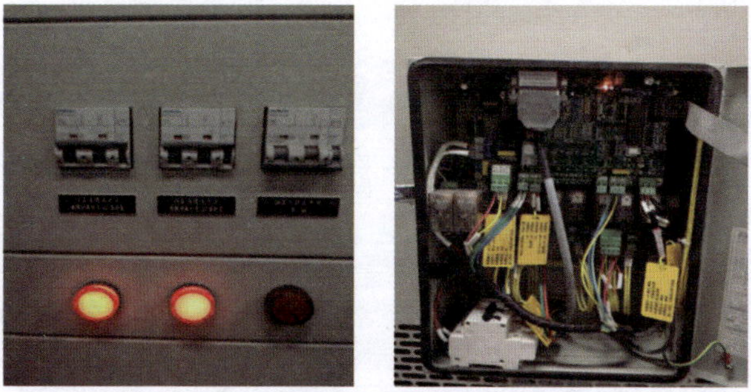

图 7.16 温控器控制电源接入

7.10 继电保护整定值与实际负荷匹配性不高

7.10.1 现象描述

配电变压器低压侧一段母线及馈线发生故障，易导致 35 kV 配电变开关柜先于 400 V 进线断路器跳闸，保护定值不匹配。

7.10.2 影响及后果

（1）设备运行方面，当一段低压母线及以下范围故障时，高压侧保护先于低压侧保护动作跳闸，低压备自投动作后，400 V 母联合闸故障，导致全所 400 V 断电，扩大故障影响范围。

（2）故障判别方面，35 kV 配电变开关柜保护作为变压器主保护及 400 V 进线侧后备保护，当 400 V 侧出现故障时，由于配电变高、低压侧定值不匹配导致越级跳闸，带来极大信息干扰，不利于故障点的精准判断。

7.10.3 原因分析

高、低压专业设计按照设备各自负荷需求进行保护定值设置，在交叉提资阶段，缺乏系统性考虑，导致供电系统各级电源各类故障情况下保护定值匹配。

7.10.4 控制措施

（1）设计方面，高、低压专业设计应明确各自保护定值设置原则并根据线路设备及负荷实际情况在定值核查及接口会议阶段进行定值匹配确认。

（2）施工方面，施工单位及供货商在设备接口调试阶段应充分考虑专业间配合联动，针对各类故障情况模拟对保护动作匹配进行全面测试验证，确保各级电源供电稳定。

7.10.5 整改效果

明确专业接口配合需求，高、低压专业设计针对 35 kV 馈线侧、400 V 进线侧保护定值匹配情况进行重新梳理，充分考虑高、低侧定值大小及延时的双重匹配，对定值进行调整，未出现同类故障。

7.11 直流框架绝缘值偏低

7.11.1 现象描述

直流框架绝缘经过长期运行后，框架对地绝缘逐渐下降，部分变电所存在安装设计缺陷，导致框架绝缘不满足运行要求，如图 7.17 所示。

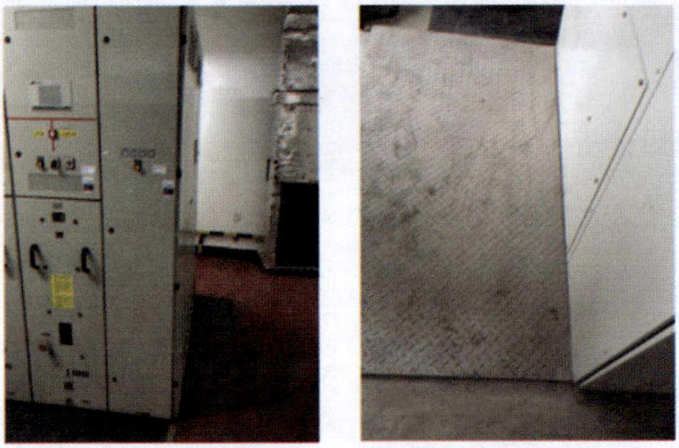

图 7.17 设备现场安装实物图

7.11.2 影响及后果

直流供电系统框架绝缘降低，杂散电流、接触网近端接地短路电流可能通过接地网进入直流框架系统，流经框架保护电流元件后，引起电流型框架保护误动作，造成直流牵引供电系统停电范围的扩大，影响地铁运营。

7.11.3 原因分析

绝缘安装时，对绝缘板放置开孔以及设备对位要求较高，采用人工拼装对位的安装方式极易出现绝缘板开孔误差、绝缘板拼接缝隙等情况，直流牵引设备放置在绝缘板上用螺栓固定，部分固定螺栓绝缘性能较差，导致整体框架绝缘不良。

7.11.4　控制措施

（1）设计方面，一是采用 10～15 mm 厚度的绝缘板，相关设备的固定螺栓均使用绝缘螺栓，提升整体绝缘水平；二是采用与基础预埋件非接触安装工艺，使用绝缘支柱将柜体整体抬升 5 cm 安装，降低与地接触的可能性。

（2）施工方面，一是加强框架绝缘施工工艺，确保施工质量。施工单位在安装框架绝缘时，可借助吊装器具进行，消除人工简单拼装对位安装不精确的施工弊端。二是设备安装完成后，保证各点封堵满足要求，其中直流牵引设备固定螺栓处可采用绝缘玻璃胶进行封堵，减少螺栓等紧固件对框架绝缘的影响。

7.11.5　整改效果

（1）排查绝缘设备与基础预埋件接触情况，定期检查维护框架绝缘值，绝缘值能满足设计要求，如图 7.18 所示。

图 7.18　既有线整改效果

（2）直流供电系统框架绝缘安装采用了绝缘抬升等安装工艺，并加强了设备绝缘封堵，如图 7.19 所示。

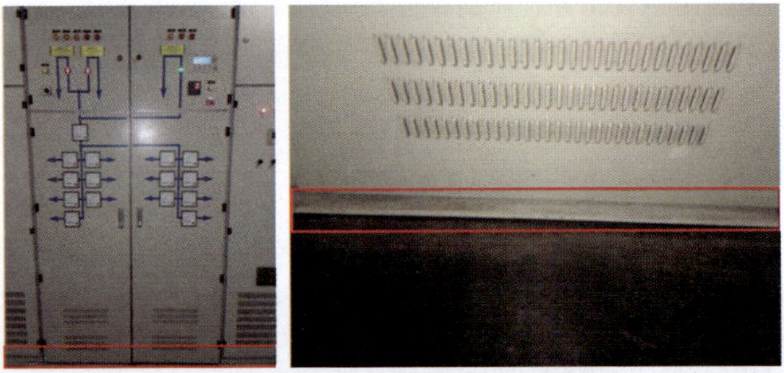

图 7.19 框架绝缘安装工艺整改效果

7.12 配电变与低压开关柜Ⅰ、Ⅱ段母线不对应

7.12.1 现象描述

变电所 35 kV 配电变压器与低压开关柜Ⅰ、Ⅱ段母线安装不对应。即 1 号配电变压器 TP1 与 402 开关柜一次回路连接，2 号配电变 TP2 与 401 开关柜一次回路连接，与供电系统主接线图设备排列不符，如图 7.20～图 7.22 所示。

图 7.20 设备现场安装实物图

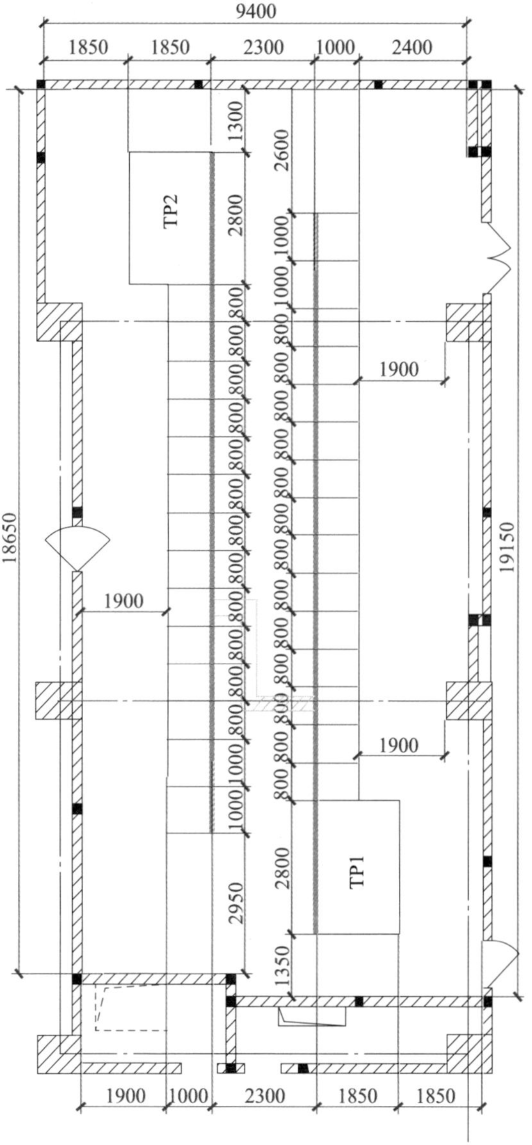

图 7.21 低压专业设备平面布置图（单位：mm）

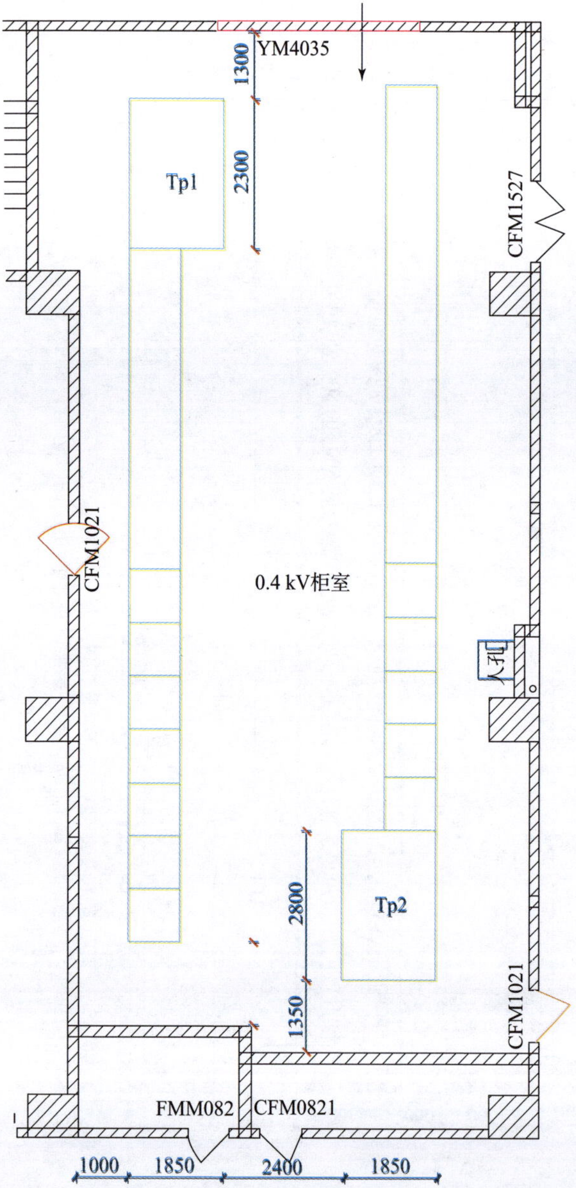

图 7.22　高压供电专业设备平面布置图（单位：mm）

7.12.2 影响及后果

（1）安全方面，当配电变压器或上级 35 kV 开关柜检修时，需低压系统停电配合。若配电变与400 V 开关柜Ⅰ、Ⅱ段母线安装不对应，检修停电范围或事故停电范围将出现交叉，可能存在错停电、错送电隐患。

（2）故障判别方面，400 V 低压开关柜的遥控、遥测、遥信数据通过柜内 PLC 采集后经所内 PSCADA 上传至综合监控系统。若安装位置不对应，400 V 开关柜Ⅰ、Ⅱ段母线所有上送信息与高压供电系统所定义的Ⅰ、Ⅱ段母线相反，当出现高压或低压系统故障时，信息上送不准确，影响故障判别。

7.12.3 原因分析

（1）设计方面，低压专业施工图纸与高压供电专业接口对应要求不符，高、低压专业图纸核查及交叉提资内容不够详尽，未能及时发现接口问题。

（2）施工方面，施工单位施工图纸复审及现场核查力度不足，高低压施工单位交流不够充分，发现设备安装对应关系异常，盲目认为调整电缆可解决对应问题，相关问题未及时反馈施工例会协调处理。

7.12.4 控制措施

（1）设计方面，高、低压设计应掌握运营单位关于设备命名及编号原则要求，各子系统设计联络阶段提前明确设备对应原则要求，并在接口会议对所有涉及接口内容进行深入讨论后明确。

（2）施工方面，设计施工图纸出图阶段，对接口复杂的子系统，设计单位充分落实技术及施工工艺交底，监理单位做好过程监督；施工单位严格指导现场设备安装，按图实施技术交底，加强与其他施工单位的沟通，发现问题及时反馈并协调处理。

7.12.5 整改效果

低压专业更换开关柜标示，同时根据实际情况对 PLC 内部电位和能源管理系统界面做出相应更改，整改后 1、2 号配电变压器与 400 V 开关柜Ⅰ、Ⅱ段在现场及 PSCADA 后台监控界面上显示相对应，符合设计及使用需求。整改效果如图 7.23 和图 7.24 所示。

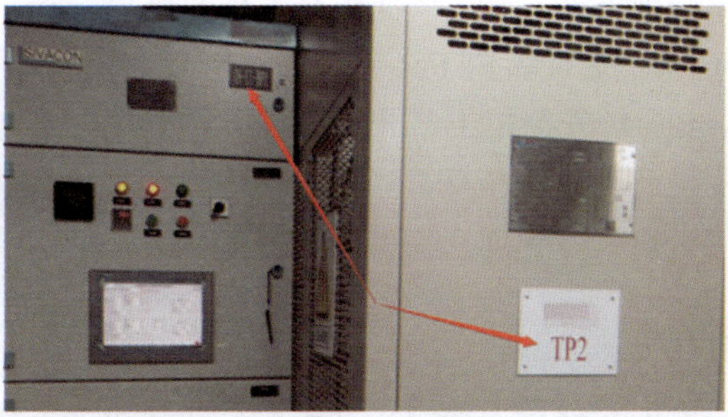

图 7.23 整改后一现场安装实物图

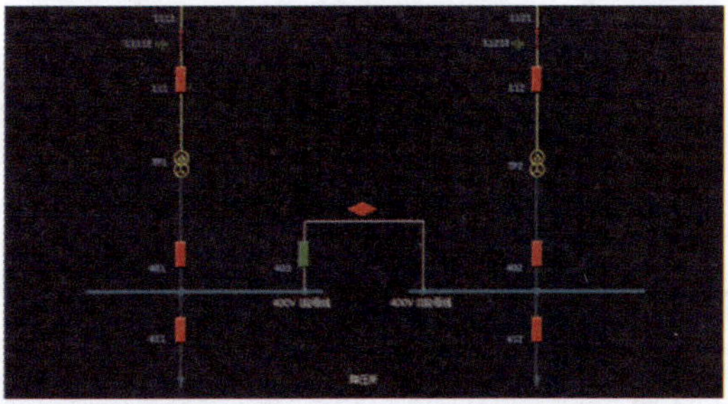

图 7.24 整改后一电力监控示意图

7.13 电力电缆敷设路径不便于检修维护

7.13.1 现象描述

电缆路径敷设路径选择不合理，与其他专业交叉敷设，电缆路径不便于日常检修维护，开关柜馈线至配电变压器电缆被其他专业电缆覆盖，如图7.25所示。

图7.25　35 kV电缆被其他专业电缆覆盖

7.13.2　影响及后果

交叉敷设一是不便于专业人员对电缆外观进行日常巡视检查；二是当通道内电力电缆故障时，通道空间狭窄导致电缆故障点查找困难，故障处置不便。

7.13.3　原因分析

（1）设计方面，针对共用电缆通道，高、低压专业与结构专业设计未就实际需求进行交叉提资，导致电缆通道狭窄、空间较小，无法满足各专业电缆敷设需求。

（2）施工方面，相关专业电缆敷设时未严格按照支架分层布置要求进行敷设。电缆通道敷设属隐蔽工程，供电专业电缆敷设在前，未对其他专业敷设后的现场情况进行复查并及时提出整改需求。

7.13.4　控制措施

（1）明确施工工艺标准，施工单位与设计单位提前对接落实电缆敷设工艺标准，根据设计规范与运营实际要求，明确电缆敷设位置、空间等问题，召开接口会议提前进行梳理及图纸确认工作。

（2）加强施工过程卡控。一是施工单位严格落实电缆敷设工艺标准，落实施工安全技术交底，监理单位应做好过程监控；二是电缆敷设现场做好监督卡控，在电缆敷设过程中做好成品防护，并根据需求定期对敷设完成后的电缆及通道环境进行巡查，及时发现问题。

7.13.5 整改效果

各专业严格按照电缆敷设工艺标准及设计规范完成通道内电缆清理整改，保证足够的电缆空间，满足日常巡视及电缆故障处理需求。

7.14 DC 1 500 V 开关柜柜后墙面未设置接地扁钢

7.14.1 现象描述

直流开关柜室施工图纸均未在 DC 1 500 V 直流开关柜柜后墙面设计接地扁钢，如图 7.26 所示。

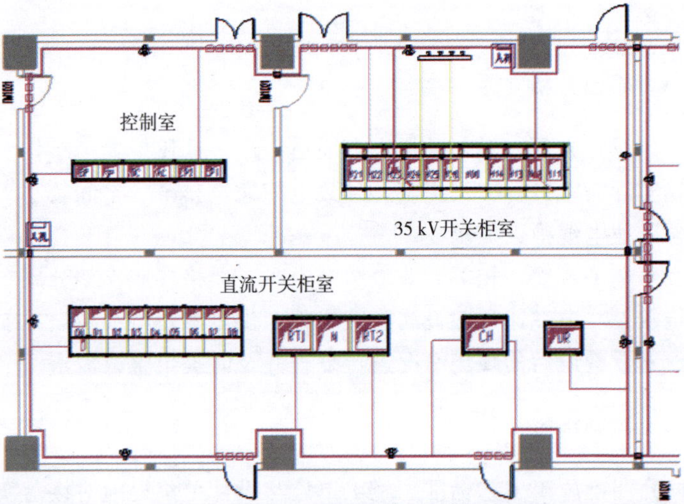

图 7.26 直流开关柜平面布置图

7.14.2　影响及后果

DC 1 500 V直流开关柜停电检修作业时，墙面无接地扁钢导致无法挂接地线，临近带电体产生静电感应触电或误合闸时存在人身安全隐患，不符合安全作业规程，不利于日常维护检修作业。

7.14.3　原因分析

供电设计施工图纸阶段未考虑运营检修作业实际需求，存在部分遗漏设计。施工单位按照图纸施工未考虑现场实际情况，施工图纸复审及现场核查力度不足，监理等相关人员未及时发现问题。

7.14.4　控制措施

设计单位应充分考虑运营实际需求，按照标准规范严格进行审核出图，施工单位应做好施工图纸复核工作，及时发现设计图纸缺陷完成上报。严格落实现场接地扁钢的安装指导，落实施工现场核查工作与技术交底，监理单位做好过程监控。

7.14.5　整改效果

根据设计标准及运营需求于直流开关柜柜后墙面处加装接地扁钢，加装完成后符合使用需求。整改效果如图7.27所示。

图7.27　接地扁钢实物图

第 8 章　接触网专业

8.1　接触网专业主要质量通病概述

接触网专业问题主要集中在终点站折返线柔性线岔异常磨耗、出站加速位置电分段处异常磨耗、出场线绝缘锚段关节固定拉弧、数显装置控制电源未单独设计及弹簧补偿装置张力不达标等方面。另外还存在高架段接触网同杆架设故障时扩大影响范围，直吊索绝缘子安装高度过高，接触网电连接电缆通过埋管或电缆沟槽敷设方式不便于后续检修维护等安全隐患。

针对以上问题，一是选型要确保满足《地铁设计规范》要求，二是设计要充分考虑运营期维护、抢修、安全防护等需求。

8.2　终点站折返线接触网柔性线岔异常磨耗

8.2.1　现象描述

正线柔性接触网采用单承双导全补偿简单链型悬挂，折返线采用单承单导全补偿简单链型悬挂。当电客车从折返线线岔驶向正线时，受电弓提前与正线接触网接触，导致受电弓诱导角和接触线异常磨耗，受电弓和接触线之间拉弧打火，燃弧时间大约 30 ms，线岔接触线出现异常磨耗，如图 8.1 所示。

8.2.2　影响及后果

线岔弓网之间出现固定拉弧点，打火严重，燃弧时间较长，存在拉弧短路接地安全隐患，且接触线及受电弓磨耗严重，出现异常磨

图 8.1　受电弓诱导角磨损图

耗，缩短了其正常使用寿命，增加了运营维护成本及安全风险。

8.2.3　原因分析

正线柔性接触网采用单承双导全补偿简单链型悬挂，接触线设计张力为 24 kN，折返线采用单承单导全补偿简单链型悬挂，接触线设计张力为 12 kN，在同样受电弓抬升力（100±10）N 作用下，接触线的抬升量不同，导致受电弓从侧线进入正线时抬升量偏大，提前与正线接触线，造成磨损受电弓诱导角，且受电弓在该线岔过渡时，接触线张力不一致，导致受电弓与接触线振动离线产生拉弧打火，出现燃弧及异常磨耗。

8.2.4　控制措施

终点站折返线柔性交叉线岔正线和渡线采用相同悬挂导线组成，正线与侧线接触线张力保持一致，避免线索压力及抬升量不同导致上述设备故障。

8.2.5 整改效果

通过现场改造将折返线单接触线导线改成双接触导线，正线与侧线张力一致，各项参数调整至技术范围内，消除了受电弓诱导角磨损情况，线岔弓网过渡平滑，未见固定拉弧打火现象，有效减缓了接触线异常磨耗。

8.3 接触网电分段设置在出站端，造成弓网拉弧、打火、局部异常磨耗

8.3.1 现象描述

电客车通过出站端刚性接触网电分段绝缘锚段关节时，弓网之间常出现固定拉弧点，打火严重，燃弧时间较长（大于 30 ms），接触线出现局部异常磨耗。

8.3.2 影响及后果

弓网之间常出现固定拉弧点，打火严重，燃弧时间较长，存在拉弧短路接地安全隐患，可能烧伤接触线、汇流排、碳滑板等设备，导致接触线、碳滑板磨耗严重出现异常磨耗，缩短了其正常使用寿命，换线频率加大，增加了运营维护成本及安全风险。

8.3.3 原因分析

出站加速位置电客车取流大，弓网振动大，在该位置设置弓网过渡绝缘锚段关节，加大了弓网振动及离线率，恶化了弓网运行条件，导致该位置易常出现固定拉弧点，加速了接触线、碳滑板电气磨耗，造成了局部异常磨耗。

8.3.4 控制措施

根据 GB 50157—2013《地铁设计规范》要求，有牵引变电所车

站接触网电分段应设在车辆惰性区[1]。

8.4　出入场线电分段绝缘关节处出现固定拉弧

8.4.1　现象描述

出入场线电分段采用绝缘关节形式，在电客车以不同速度通过时出现固定拉弧现象，燃弧持续时间大于 50 ms，拉弧打火严重，烧伤接触线、汇流排等设备，烧伤点呈鱼鳞斑点状，烧伤范围自锚段关节受电弓进弓位置至出弓位置，距离约 4 m，如图 8.2 所示。

图 8.2　烧损设备图

8.4.2　影响及后果

弓网之间出现固定拉弧点，打火严重，燃弧时间较长，存在拉弧短路接地安全隐患。且烧伤接触线、汇流排等设备，损坏汇流排终端设备，导致接触线磨耗严重，出现异常磨耗，缩短了其正常使用寿命，换线及汇流排终端更换频率加大，增加了运营维护成本及安全风险。

8.4.3　原因分析

(1) 电分段两端存在电位差。出入场线电分段绝缘锚段关节两端位于不同供电分区，两供电分区存在电压差，电客车通过时两侧电位差约 100 V，正线电分段处基本不存在压差，在电客车通过时，两供电分区电压经过受电弓击穿空气间隙，造成放电，烧伤汇流排及接触网等设备。

（2）绝缘锚段关节无灭弧功能。电分段形式设计采用绝缘锚段关节，与分段绝缘器对比分析，该电分段形式缺少灭弧功能，且锚段关节两端并行距离较长，加大了拉弧出现区域，延长了燃弧时间，加重了设备烧伤、损坏程度。

8.4.4 控制措施

出入场线电分段优先采用分段绝缘器形式设计，分段绝缘器自带一定消弧功能，且并行距离较短，可减弱一定电压差造成燃弧的影响。同时极端情况设备故障时面积小，应急处置影响时间缩短，可节约运营维护成本。其次可在出入段线单独设置供电分区，采用出入段线与正线双边供电方式，消除压差影响。

架空接触网不同位置电分段形式选择建议如下：

（1）除终端车间牵引变电所外，正线在有牵引变电所的车站进站端（惰性区）设电分段，电分段采用绝缘锚段关节；

（2）正线间渡线、折返线，正线与停车线之间，车辆段（停车场）的出入线与正线间设电分段，电分段采用分段绝缘器；

（3）车辆段（停车场）各供电分区之间设电分段，电分段采用分段绝缘器；

（4）车辆段洗车库设电分段，电分段采用分段绝缘器；

（5）车辆段（停车场）其他各库线入口处设电分段，电分段采用分段绝缘器。

8.4.5 整改效果

将改电分段绝缘锚段关节调整为分段绝缘器，如图 8.3 所示，原绝缘锚段关节通过增加电连接及调整线间距调整为非绝缘锚段关节，在对应位置增加一台分段绝缘器，通过观察过车视频发现锚段关节处无拉弧打火情况，分段绝缘器处拉弧打火现象明显减弱，燃弧时间缩短（小于 25 ms），接触线及汇流排未见严重烧伤，且未出现异常磨耗现象。

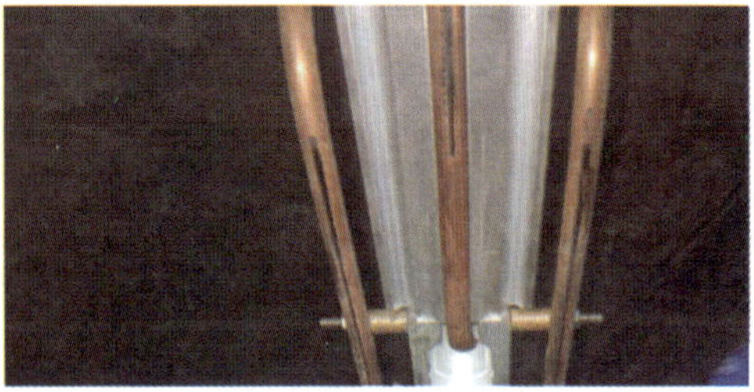

图 8.3　出入段线电分段分段绝缘器图

8.5　接触网隔离开关数显装置电源控制开关未分区域单独设置

8.5.1　现象描述

场段接触网隔离开关带电数显装置控制电源开关与机电照明开关集中安装，且未设置防护措施，如图 8.4 所示。

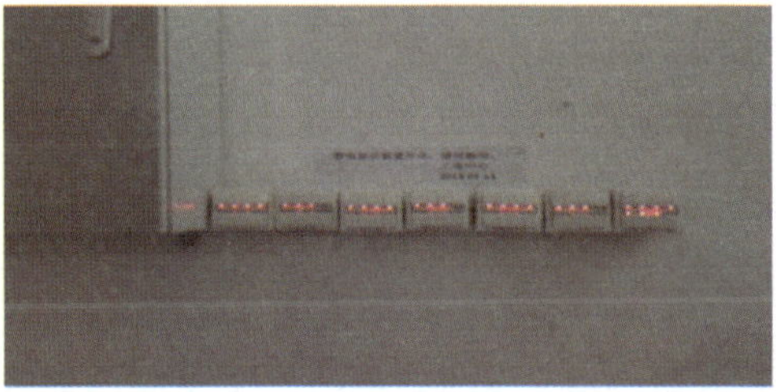

图 8.4　接触网数显装置开关

8.5.2　影响及后果

机电照明开关跳闸、关闭，接触网隔离开关带电数显装置电源同步关闭，带电数显装置无电显示故障，影响电客车司机及车辆检修人员对该区域接触网带电情况正确判断，从而导致误操作、电客车闯无电区等安全隐患。

8.5.3 原因分析

场段检修库内接触网隔离开关带电数显装置控制电源开关与机电照明开关集中安装，共用线路，且未设置防护区分措施，照明开关用户等级较低，跳闸、断电情况较多，从而影响带电数显装置电源稳定性、可靠性。

8.5.4 控制措施

将场段检修库内接触网隔离开关带电数显装置电源控制开关单独设置，线路设计及容量满足负荷及等级要求，一个场段内部设置一个数显装置控制箱，并设有防护隔离措施。

8.6 高架段同杆架设接触网单边故障应急处置时扩大故障范围

8.6.1 现象描述

高架段柔性接触网采用同杆架设安装方式，上下行接触网供电设备间距较小，在线路单边故障应急处置时，小于 DC 1 500 V 电压安全防护距离 700 mm 要求，如图 8.5 所示。

8.6.2 影响及后果

高架段柔性接触网设备单边故障时，为保证应急处置人员停电防护要求，须上下行接触网同时停电，扩大故障影响范围，中断整个区间上下行线路运营。或单边故障待运营结束后处理，延长故障影响时间。若单边停电应急处置，邻区带电，停电作业安全防护距离不足，存在导致作业人员触电的安全风险。

图 8.5　接触网同杆架设安装

8.6.3　原因分析

高架段柔性接触网设计采用同杆架设，上下行两个供电分区接触网安装在同一支柱上，通过碗臂绝缘子与支柱保持绝缘，间距较小（小于 320 mm），单边停电时防护距离不满足接触网停电作业安全防护距离要求（700 mm），人员及工具器易于邻区接触网设备搭接，存在人员触电的安全风险。

8.6.4　控制措施

一是在限界满足要求情况下，高架段柔性接触网立杆方式优先选择线路两侧立杆架设方式设计；二是在线路限界受限中间立柱情况下，采用上下行接触网支柱交叉错开方式立杆架设。

8.7　柔性接触网直吊索绝缘子安装过高不利于检修维护

8.7.1　现象描述

柔性接触网直吊索绝缘子与底座相连，再通过吊索线与下部接触网悬挂连接，距离轨平面高度较高，一般与停车库顶棚及硬横梁高度一致，高度大于 8 m。目前接触网梯车平台高度约 4 m、接触网作业车升降平台最高高度约 5 m，高空作业平台高度不能满足检修高度要求，如图 8.6 所示。

图 8.6 绝缘子安装高度过高

8.7.2 影响及后果

接触网常规高空作业平台高度不能满足该类绝缘子安装高度要求，不利于绝缘子清扫及维护，导致绝缘子表面脏污，从而可能造成绝缘子闪络击穿跳闸等接地故障。且在设备故障时，不利于故障巡视发现及更换处置，存在较大安全隐患。

8.7.3 原因分析

受设备安装设计影响，该类绝缘子均与安装底座相连，底座位置与结构直接相连，导致该绝缘子安装高度较高。

8.7.4 控制措施

在设计设备安装时，可将该绝缘子安装位置下移，绝缘子与下端连接部分直接相连，降低了安装高度，便于后续设备检修维护。

8.8　DC 1 500 V 电连接电缆埋管或电缆沟槽敷设方式不合理

8.8.1　现象描述

接触网 DC 1 500 V 电连接电缆包含上网电缆、联络开关电连接电缆、静调柜进线电缆等，其中上网电缆及静调柜进线电缆多数通过电缆沟槽或者埋管敷设。

8.8.2　影响及后果

接触网 DC 1 500 V 电连接电缆通过埋管或电缆沟槽敷设，出现损伤不能及时发现处理，故障时导致汇流排或接触线直接接地，形成永久接地故障，导致该供电分区停电。若该电连接电缆位置无法远程操作切除，将无法实现越区或大双边供电，直接中断运营，给运营留下较大安全隐患。

8.8.3　原因分析

（1）设计方面，未充分考虑接触网 DC 1 500 V 电连接电缆通过埋管或电缆沟槽敷设会导致检修人员巡视检查路径通道，电缆巡视检查存在盲区，无法及时发现电缆存在的损伤及缺陷。

（2）施工方面，该类型电连接无铠装层保护，敷设线路较长，穿越管线、槽道等转角，施工时期易造成破损，从而造成电缆故障。

8.8.4　控制措施

接触网 DC 1 500 V 电连接电缆敷设路径设计时，优先考虑架空方式进行敷设。

8.9　接触网下锚恒张力弹簧补偿装置张力不达标

8.9.1　现象描述

柔性接触网下锚补偿装置采用恒张力弹簧补偿装置（额定张力12 kN）张力为8.5 kN，与额定张力偏差3.5 kN，偏差达到29%，不符合TB/T 2075.14—2010《电气化铁道接触网零部件》第5.4.8.1条“弹簧补偿装置在整个工作行程中连续检测所测得的最大张力偏差不应超过±4%”[7]的规定，如图8.7所示。

图8.7　恒张力弹簧补偿装置

8.9.2　影响及后果

柔性接触网下锚装置采用恒张力弹簧补偿装置，补偿装置张力不达标，直接影响接触网整个弹性、驰度等参数，造成硗臂、吊弦严重偏移，弓网偏磨，打弓碰弓等故障，严重时出现线索“抽头”脱落情况，造成跨网、短路接地等大型弓网故障，中断运营，给运营留下较大安全隐患。

8.9.3　原因分析

（1）357型平面涡卷弹簧中靠边的1组内勾拉直变形，如图8.8

所示。与中心轴承的连接部分脱落，造成该组弹簧失效，从而使整台弹簧补偿装置的张力不达标。弹簧部分存在质量问题。

图 8.8　平面涡卷弹簧内勾拉直变形脱落

（2）该装置初期安装时未按规定的调整钢丝的初始出现位置，改变了受力状态，从而导致弹簧补偿装置的额定张力加大，使得弹簧补偿装置一直处于超载的状态，经过长期运行，致使平面涡卷弹簧内勾拉直变形脱落，是造成该弹簧补偿装置张力不达标的次要原因。

（3）该恒张力弹簧补偿装置产品结构不利于巡视发现内部缺陷，不能及时有效进行检修维护，内部弹簧与轴承连接长期受力设计会使弹簧变形，造成张力下降。

8.9.4　控制措施

在限界满足要求情况下，柔性接触网下锚补偿装置优先选择棘轮补偿装置进行补偿下锚。

第 9 章　动力照明专业

9.1　动力照明专业主要质量通病概述

动力照明专业问题主要集中在上下级断路器保护定值不匹配、配电箱进出线封堵不严导致防护等级降低、动照电缆端接处异常发热、区间动照管线未可靠固定、电气火灾监控系统剩余电流误报警及车站设备区应急照明灯具无法开闭等问题。

针对以上问题，一是设计上严格按照设计标准设置整定值等重要参数，优化配电箱等设备的设计；二是施工上提升低压供电设备装配、连接工艺，确保低压供电设备运转正常、安全可靠。

9.2　上下级断路器保护定值不匹配

9.2.1　现象描述

因上下级断路器保护定值不匹配导致供电系统断路器越级跳闸。

9.2.2　影响及后果

(1) 设备方面，一是下级断路器保护定值设置过大或上级断路器保护定值设置过小，易造成线路断路器错保护、漏保护。二是下级断路器保护定值设置过大则无法起到对末端供电线路及用电设备的保护作用；上级断路器保护定值设置过小则易发生上级断路器误动作保护跳闸，扩大停电范围，降低整个供电系统的可靠性。某地铁曾经发生 0.4 kV 低压开关柜Ⅰ段母排下挂消防水泵馈线回路电缆短路故障，由于 35 kV 高压开关柜馈线断路器与 0.4 kV 低压开关进线柜断路器短路长延时保护定值不匹配，导致故障直接顶跳 35 kV 高压开关柜Ⅰ段馈线断路器，同时由于 0.4 kV 低压开关柜Ⅰ段进线断路器未保护跳闸，0.4 kV 低压开关柜母线联络开关正常备自投合闸，造成 35 kV 高压开关柜Ⅱ段馈线断路器也被顶跳，造成降压所全所失电。

（2）故障判别方面，在处置断路器越级跳闸故障过程中，由于下级断路器未跳闸，无法直观精确定位故障点，需要对跳闸上级断路器供电范围内的所有供电线路及用电设备逐一进行检查，影响故障处置效率。

9.2.3　原因分析

（1）上下级断路器设计保护定值不匹配。该问题通常发生在高、低压专业设计接口部位，一般地铁降压所配电变压器（站用变）以上的断路器保护定值由高压供电专业设计给定，配电变压器以下的断路器保护定值由动照专业设计给定，若高、低压设计未对配电变压器上、下级断路器保护定值设置进行充分沟通、核对，会造成配电变压器高压侧断路器过载保护（L 保护）、短路长延时保护（S 保护）、短路短延时保护（I 保护）及接地保护（G 保护）与配电变压器低压侧断路器 LSIG 保护定值不匹配。

（2）断路器保护定值未按照设计值设置。低压盘柜生产厂家或施工单位未严格按照设计给定的保护定值对框架、塑壳断路器的 LSIG 保护定值进行设定，仍沿用断路器出厂默认的保护定值，如图 9.1 和图 9.2 所示。

图 9.1　框架断路器保护定值设置

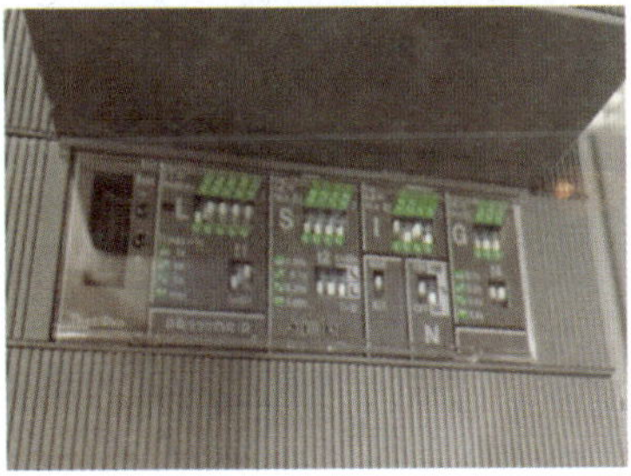

图 9.2　塑壳断路器保护定值设置

9.2.4 控制措施

（1）做好各级断路器保护定值匹配。设计应根据 GB 50054—2011《低压配电低压配电设计规范》第 6.1.2 条："配电线路装设的上下级保护电器，其动作特性应具有选择性，且各级之间应能协调配合"[8] 及 JGJ 16—2008《民用建筑电气设计规范》第 5.2.1 条："为保证继电保护装置的选择性，对相邻设备和线路有配合要求的保护和同一保护内有配合要求的两元件，其上下两级之间的灵敏性及动作时间应相互配合"[9] 的要求，结合末端用电设备的运行特性，做好车站、场段各级断路器的保护定值匹配工作。

（2）做好断路器保护定值现场核对工作。按照设计给定的各级断路器保护定值对现场断路器的保护定值进行核对，重点核对高、低压设计接口两侧断路器 LSIG 保护定值是否匹配。

9.3 配电箱进出线封堵不严导致防护等级降低

9.3.1 现象描述

异物（水、鼠虫等）沿配电箱进出线缆口进入配电箱内部，导致配电箱内带电元器件短路，如图 9.3 和图 9.4 所示。

图 9.3 水进入配电箱导致短路

图 9.4 老鼠进入配电箱导致短路

9.3.2　影响及后果

（1）影响配电箱供电可靠性。异物（水、鼠虫等）侵入配电箱带电设备的端子或端子排处引起短路跳闸，导致配电箱停电，甚至引起配电箱内元器件烧毁。某地铁曾经发生过由于配电箱进出线电缆封堵防火泥掉落，老鼠沿配电箱进出线缆桥架进入配电箱内部，导致配电箱双电源转换开关馈线端子排 A、B 相相间短路，引起配电箱跳闸停电并烧毁双电源转换开关的故障。

（2）影响配电箱内电气元件使用寿命。进入配电箱内部的水除了可能直接引起带电设备短路跳闸外，还将导致配电箱内湿度增大，若配电箱内无有效的通风、防凝露措施，将会影响配电箱内电气元器件的使用寿命。

9.3.3　原因分析

配电箱进出线缆封堵工艺不满足要求致使配电箱防护等级降低。当配电箱进出线方式采用上进线上出线时，若配电箱进出线缆封堵防火泥因为含水量过大、缺乏防火板支撑等原因掉落或封堵有缺口，加之配电箱进出线缆桥架防护等级较低（根据 JB/T 10216—2013《电控配电用电缆桥架》第 4.3.1.1 条："无孔托盘（无盖无孔托盘除外）的整体防护等级应符合 GB 4208—2008 中 IP 30 的规定"）[10]，将降低配电箱整体的防护等级（结合地铁配电箱的安装使用特点，一般站内配电箱外壳防护等级要求不低于 IP 42，泵房、区间、室外配电箱外壳防护等级要求不低于 IP 65），异物（水、鼠虫等）易沿配电箱进出线缆口进入配电箱内部，如图 9.5 所示。

9.3.4　控制措施

（1）配电箱进出线宜采用下进下出的方式，如图 9.6 所示。对于公共区、潮湿区域的配电箱采用下进下出的进出线方式（特别是出

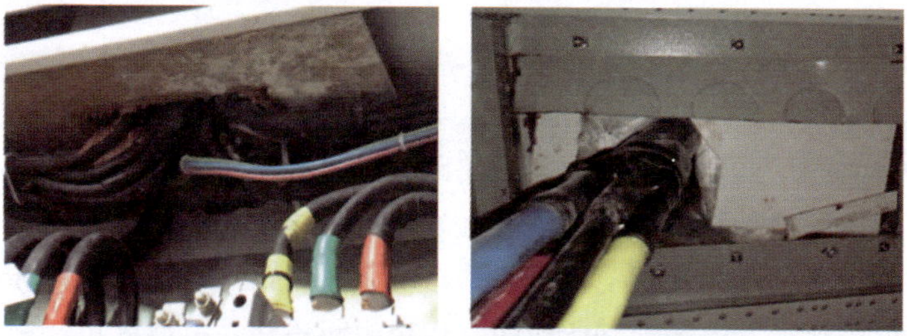

图 9.5　上进线上出线配电箱进出线处封堵不到位

入口、室外、区间、电缆廊道、风亭等部位的配电箱)，能有效利用配电箱本身的防护能力避免上方结构漏水、电缆桥架进水等因素导致的配电箱进水问题，也可很好解决因配电箱进出线封堵防火泥固定不牢在重力作用下掉落导致的配电箱异物侵入问题。

图 9.6　下进线下出线配电箱的进出线封堵

(2) 提高上进上出配电箱进出线封堵工艺。一是采用软硬适中的防火泥配合根据进出线电缆线径精确开孔的防火板对配电箱进出线缆进行封堵，如图 9.7 所示。

二是采用电缆密封模块或模块化柜体密封穿隔对配电箱进出线缆进行封堵，在达到防火封堵目的的同时可以有效保持配电箱的防护等级，不受电缆桥架防护等级影响，但成本较高，如图 9.8 所示。

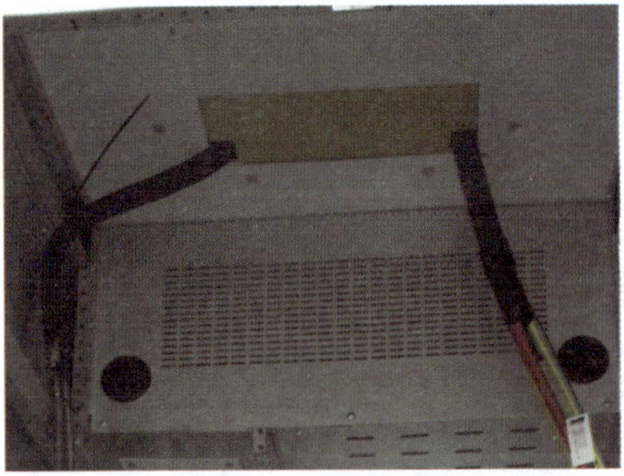

图9.7 上进上出配电箱的进出线封堵

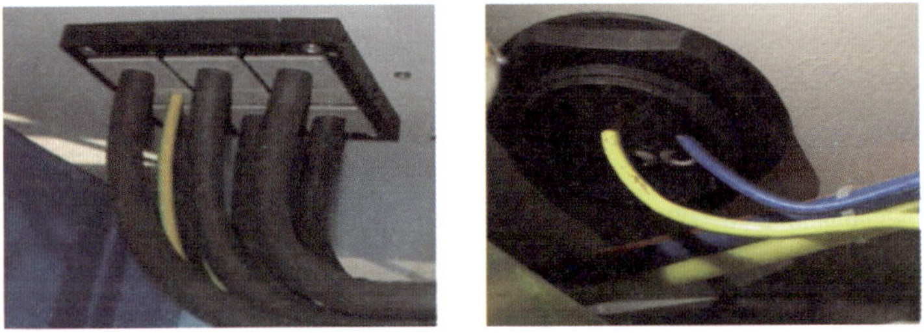

图9.8 配电箱进出线电缆采用电缆密封模块封堵

9.4 动照电缆端接处异常发热

9.4.1 现象描述

电缆端接处局部温度超高，如图9.9所示。

9.4.2 影响及后果

(1) 影响电缆运行安全。地铁使用的动照电缆一般采用无卤低烟阻燃绝缘聚乙烯护套电缆（WDZB-YJY），根据GB 50217—2007《电力工程电缆设计规范》第3.7.1条：“最大工作电流作用下的电缆导体

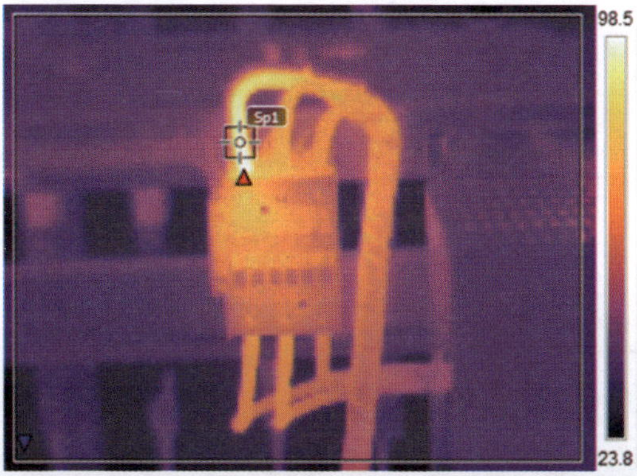

图 9.9 低压动照电缆端接处异常发热（采用红外线热成像仪拍摄）

温度，不得超过电缆使用寿命的允许值。持续工作回路的电缆导体工作温度，应符合本规范附录 A 的规定”[11]，即交联聚乙烯电缆持续工作最高允许温度不高于 90℃，若长时间超过最高允许温度运行，会加速电缆绝缘老化，甚至引起火灾。某地铁曾经发生过微型断路器与馈线电缆端接处温度超高，引起电缆燃烧的事故，如图 9.10 所示。

图 9.10 电缆端接处温度超高引起的电缆燃烧

（2）引起断路器保护误动作。一般额定电流 250 A 以下的塑壳断路器采用热磁脱扣器，为断路器下端供电负荷进行短路短延时保护（I 保护）及过载保护（L 保护）。热磁脱扣器标定的过载保护定值均是在额定温度情况下测得，性能受外界温度的影响较大。以某塑壳断路器为例，额定电流 100 A 的断路器在 40℃标准温度下 L 保护定值为 100 A，但在热磁脱扣器正常最高允许温度 70℃时 L 保护定值下降为 81 A。

（3）引起断路器过载保护跳闸。当电缆端接工艺不满足要求导致异常发热时，也会影响与之连接的断路器保护特性，随着电缆运行温度的升高，更容易引起断路器过载保护跳闸，引起线路停电，影响电缆下端用电设备的供电可靠性。

9.4.3　原因分析

（1）电缆与接线端子搭接面不够，造成电缆与接线端子间接触电阻增大。一是电缆成端时没有根据规范要求采用搪锡或接续端子（俗称线鼻子），直接接入接线端子，导致搭接面不够，如图 9.11 所示；二是电缆在与接线铜排进行连接时，接续端子与铜排未对正导致搭接面不够，如图 9.12 所示；三是接续端子与固定螺栓、垫片大小不匹配导致搭接面不够，如图 9.13 所示。

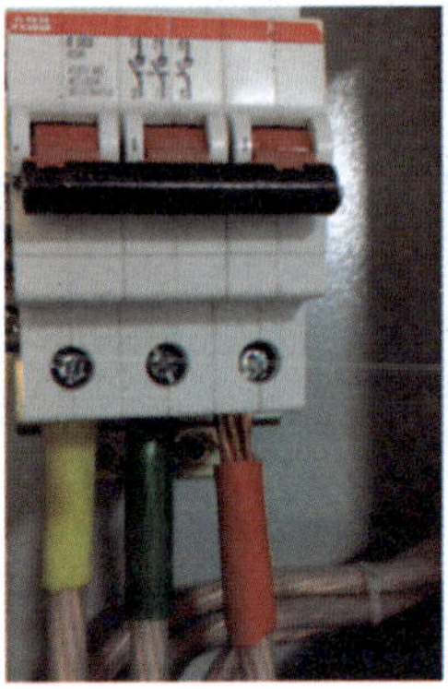

图 9.11　多芯铜芯线未搪锡直接接入接线端子

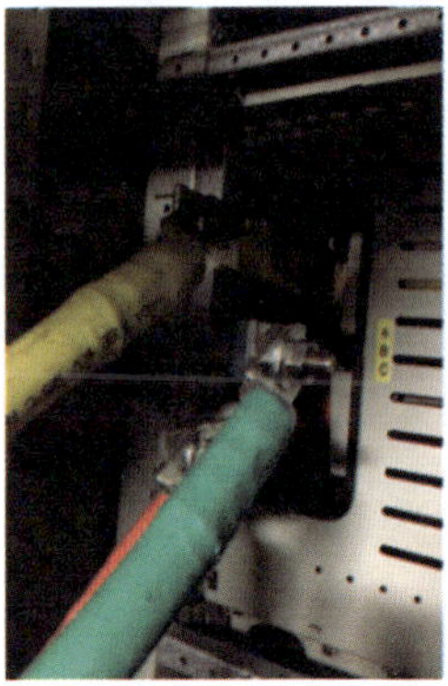

图 9.12　接续端子与接线铜排未对正

图 9.13 接续端子与固定螺栓、垫片不匹配

(2) 电缆与接线端子的固定措施不到位。一是接续端子与端子或端子排固定螺栓未拧紧，在地铁振动环境下，易产生松脱虚接的情况，如图 9.14 所示；二是大线径电缆弯度、角度未调整好即强行接入接线端子，使接线端子承受电缆的弯曲应力和扭转应力，电缆端子与接线端子无法紧密贴合，产生虚接的情况，如图 9.15 所示。

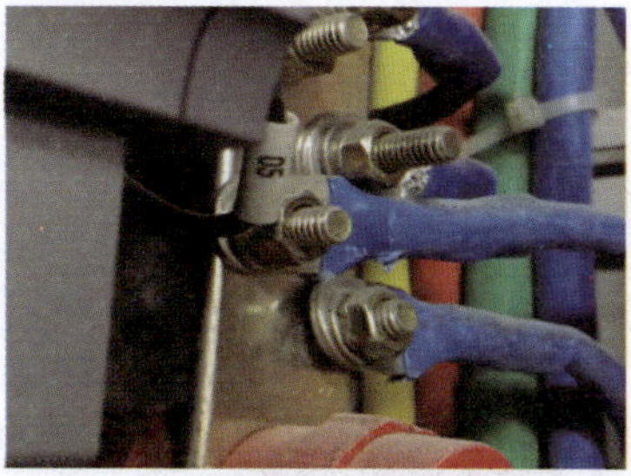

图 9.14 接续端子与端子排固定螺栓未拧紧

图 9.15 电缆受应力作用与接线铜排间产生间隙

9.4.4 控制措施

(1) 卡控电缆的成端形式。电缆成端应根据线径及芯数按照

GB 50303—2015《建筑电气工程施工质量验收规范》第18.2.1条采用搪锡或接续端子的方式与接线端子相连接：

1）截面积在10 mm^2及以下的单股铜芯线和单股铝/铝合金芯线可直接与设备或器具的端子连接。

2）截面积在2.5 mm^2及以下的多芯铜芯线应接续端子或拧紧搪锡再与设备或器具的端子连接。

3）截面积大于2.5 mm^2的多芯铜芯线，除设备自带插接式端子外，应接续端子后与设备或器具的端子连接；多芯铜芯线与插接式端子连接前，端部拧紧搪锡。

（2）卡控电缆接续端子的施工工艺。按照GB 50168—2006《电气装置安装工程电缆线路施工及验收规范》第6条相关要求执行。

（3）卡控电缆与接线端子的固定工艺。按照GB 50303—2015《建筑电气工程施工质量验收规范》第11.1.2条，母线与母线、母线与电器或设备接线端子采用螺栓搭接连接时，应符合下列规定：

1）母线的各类搭接连接的钻孔直径和搭接长度应符合本规范附录D的规定，连接螺栓的力矩值应符合本规范附录E的规定；当一个连接处需要多个螺栓连接时，每个螺栓的拧紧力矩值应一致。

2）母线接触面应保持清洁，宜涂抗氧化剂，螺栓孔周边应无毛刺。

3）连接螺栓两侧应有平垫圈，相邻垫圈间应有大于3 mm的间隙，螺母侧应装有弹簧垫圈或锁紧螺母。

4）螺栓受力均匀，不应使电器或设备的接线端子受额外应力。

（4）卡控电缆端接附件的质量。一是采用的接续端子性能应满足GB/T 14315—2008《电力电缆导体用压接型铜、铝接线端子和连接管》的相关要求；二是接续端子规格尺寸应满足GB 50303—2015《建筑电气工程施工质量验收规范》第18.2.2条："电线、电缆的芯线连接金具（连接管和端子），规格应与芯线的规格适配，且不得采用开口端子"相关要求[12]。

9.5 区间动照管线未可靠固定

9.5.1 现象描述

区间动照管线未可靠固定导致管线松脱，如图 9.16 所示。

图 9.16 过轨顶动照电缆松脱

9.5.2 影响及后果

管线固定元件松脱，将导致管线侵入行车限界，若线管夹、螺栓及垫片等附件掉落在接触网或轨道上，会影响行车安全。

9.5.3 原因分析

(1) 管线未固定于支架或吊钩上。由于区间动照管线包含区间照明灯具、疏散指示灯、广告灯箱、维修电源箱、水泵、射流风机的供电线缆，回路多、线路长，管线固定点多，常常出现个别管线固定点未固定于支架或吊钩上的现象，如图 9.17 所示。

(2) 管线固定点未采取有效防松脱措施。固定管线的卡箍螺栓未安装弹垫、平垫或螺栓规格、埋深不满足承重要求，在列车长期振动情况下，发生螺栓松脱现象，如图 9.18 所示。

图 9.17 动照管线未固定于支架或吊钩上

图 9.18 固定管线的螺栓规格不满足要求

(3) 管线固定点间跨距过长。未按照规范要求的间隔设置管线固定点（特别是在受结构柱分布影响的区域，如出入段线、岔区、存车线等），管线固定点间跨距过长，失去对管线的固定、支撑作用，造成跨距两端固定点及跨距间管线接头受力增大，增大管线脱落的风险，如图 9.19 所示。

9.5.4 控制措施

(1) 管线固定点采用防松脱措施。根据 GB 50217—2007《电力工程电缆设计规范》第 5.1.13 条："电缆敷设在有周期性振动的场所，应采取下列措施：一是在支持电缆部位设置由橡胶等弹性材料制

图 9.19 动照管线固定点间跨距过长

成的衬垫。二是电缆敷设成波浪状且留有伸缩节。”及第 6.2.10 条：“振动场所的桥架系统，包括接地部位的螺栓连接处，应装置弹簧垫圈。”管线在每一个固定点都必须由卡箍可靠固定且每一个卡箍都必须采用弹垫、平垫加螺母（或双螺母）的防松脱措施[11]，如图 9.20 所示。

图 9.20 动照管线在支架上的固定

（2）按规范要求设置管线固定点。一是根据 GB 50054—2011《低压配电设计规范》第 7.6.27 条：“电缆在电缆隧道或电缆沟内敷设时，支架间或固定点间的最大间距应符合表7.6.27的规定。”[8]即管线水平敷设时支架间或固定点间间距不小于1 m，管线垂直敷设时不小于1.5 m。二是根据GB 50303—2015《建筑电气工程施工质量验收规范》第12.2.6条：“明配的电气导管应符合下列规定：导管应排列整齐、固定点间距均匀、安装牢固；在距终端、弯头中点或柜、台、箱、盘等边缘150 mm～500 mm范围内应设有固定管卡。”[12]

（3）采用合理的管线过轨方式。虽然GB 50157—2013《地铁设计规范》第15.4.11条规定了“电缆穿越轨道时，可采用轨道下穿硬质非金属管材敷设，也可采用刚性固定方式沿隧道顶部敷设”[1]，未否定管线沿轨顶过轨的方式，但考虑到管线从轨顶过轨对固定工艺更高的要求及开通运营后巡检、检修的不便，建议在管线过轨时优先考虑从道床预留电缆通道过轨，如图9.21所示。其次考虑从轨底过轨（金属管线穿越轨道下方时应用绝缘胶皮防护，如图9.22所示），确实不具备条件时再考虑从轨顶过轨。

图9.21 动照管线沿道床预留通道过轨

图9.22 动照管线沿轨底过轨

当动照管线采用轨顶过轨方式时，建议采用不锈钢M10×100的后扩底锚栓加固处理，其余部件采用热镀锌材质，轨顶区域内无管线接头，固定点间距不宜大于500 mm，固定部件与接触网、轨道保持300 mm以上的水平距离，过轨管线应与接触网保持300 mm以上的垂直距离，如图9.23所示。

图 9.23 动照管线沿轨顶过轨

9.6 电气火灾监控系统剩余电流误报警

9.6.1 现象描述

在供电线路及用电设备正常的情况下，电气火灾监控系统频繁出现监测回路剩余电流报警，如图 9.24 所示。

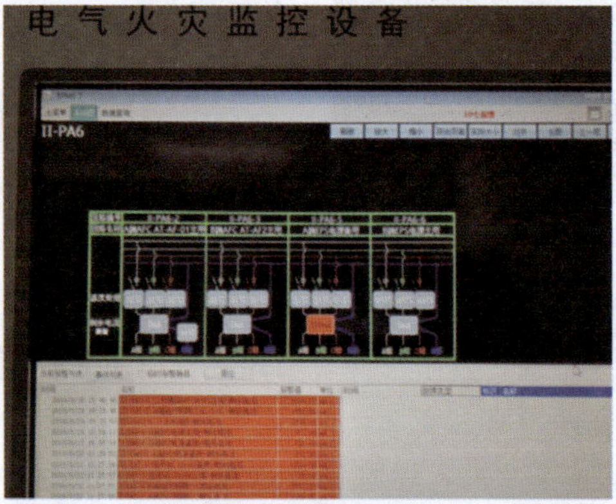

图 9.24 电气火灾监控系统剩余电流报警

9.6.2　影响及后果

电气火灾监控系统频繁误报警，干扰漏电流、过温故障等真实报警信息反馈。

9.6.3　原因分析

（1）不同监测供电回路零线共用，导致回路间零线电流互相干扰造成剩余电流监测装置报警。该问题主要出现在一级负荷的主、备用供电回路中，若一级负荷末端双电源转换开关采用 3P 开关或采用 4P 开关时未接零线，在主用供电回路投用时，由于配电箱零排主、备用供电回路共用，备用供电回路零线会监测到电流而报警，反之亦然，如图 9.25 所示。

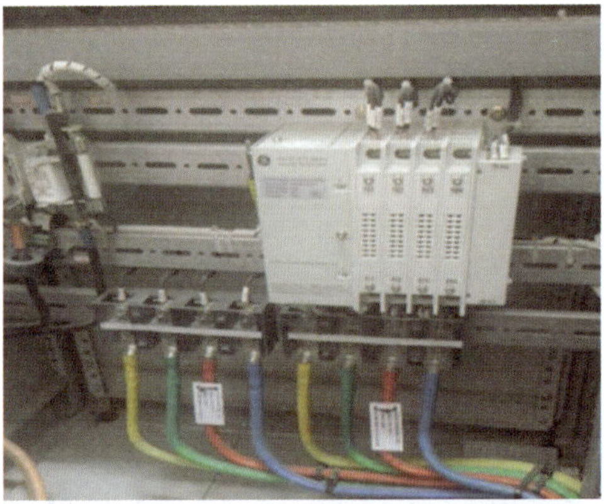

图 9.25　主、备用供电回路零线未接入双电源转换开关

（2）地铁低压配电系统通常采用 TN-S 系统，同一监测供电回路零线、地线混用、共用，也会导致剩余电流监测装置报警。

（3）剩余电流互感器漏穿零线、火线或误穿入地线，检测回路电流矢量和都可能出现不为 0 的情况，导致剩余电流监测装置报警，如图 9.26 所示。

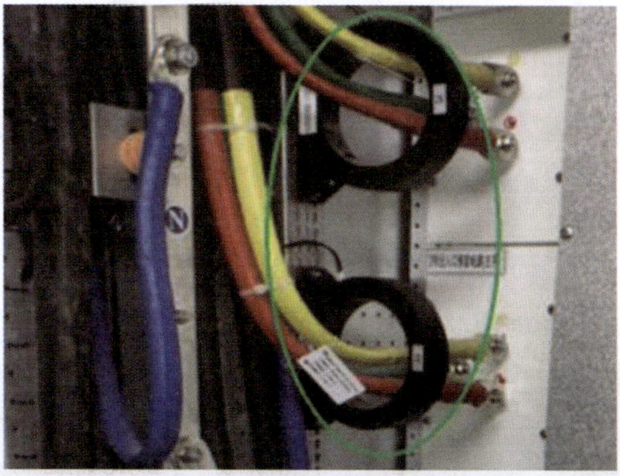

图 9.26 剩余电流互感器未穿入零线

9.6.4 控制措施

（1）采用 4P 双电源转换开关并将主、备用供电回路零线分别接入双电源转换开关，确保主、备供电回路间的零线不互相干扰，如图 9.27 所示。

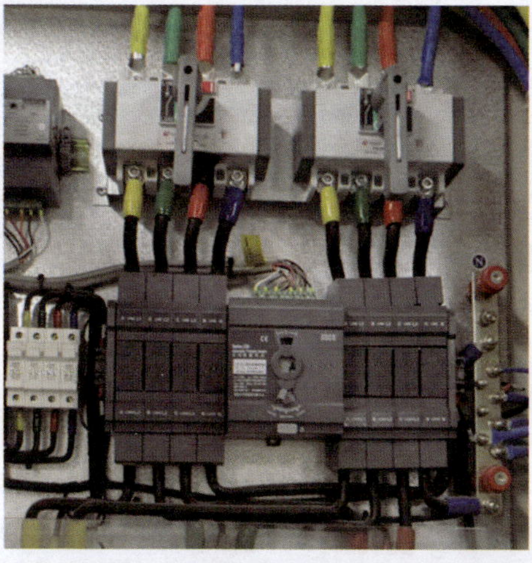

图 9.27 采用 4P 双电源转换开关的双电源切换箱

（2）零线、地线严禁混用、共用。根据 GB 50303—2015《建筑电气工程施工质量验收规范》第 5.1.12 条：“箱（盘）内宜分别设置中性导体（N）和保护接地导体（PE）汇流排，汇流排上同一端子不应连接不同回路的 N 或 PE。”[12] 动力照明系统的配电、用电设备必须严格按照规范接零、接地，不得随意混接、乱接。

（3）剩余电流互感器正确穿线，将监测供电回路的火线、零线成束绑扎后，居中穿入剩余电流互感器内，如图 9.28 所示。

图 9.28　剩余电流互感器正确穿线示例

9.7　车站设备区应急照明灯具无法关闭或无法开启

9.7.1　现象描述

应急照明电源装置（EPS）备用应急电源线在正常工况下带电，车站设备区应急照明灯具无法关闭或无法开启。

9.7.2　影响及后果

（1）安全方面，一是设备区应急照明供电回路反送电使正常情况下不带电的备用应急电源线带电，存在人员触电的安全隐患；二是在应急情况下，设备区无法开启的应急照明灯具将使所在区域不满足应急照明照度要求，不利于人员安全疏散。

（2）节能方面，设备区无法关闭的应急照明灯具保持常亮，不利于节能降耗。

9.7.3　原因分析

（1）根据 GB 50157—2013《地铁设计规范》第 19.3.6 条："火灾自动报警系统确认火灾后，应接通应急照明灯和疏散标志灯电源，并应监视工作状态的功能。"[1]故车站设备区应急照明灯具就地设双控开关，火灾时强制点亮。

（2）应急灯具双控开关正确的接线方式如图 9.29 所示。正常情况下应急电源线带电，备用应急电源线不带电，在火灾时由综合监控系统控制应急照明电源装置（EPS）消防强启接触器（KM）合闸，使处于关闭状态下的应急照明灯具强制开启。

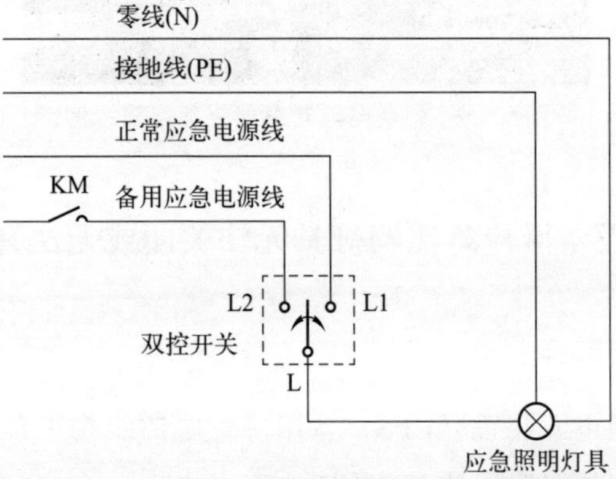

图 9.29　应急照明灯具双控开关正确接线图

（3）若正常应急电源线误接入双控开关的负载接线端（L 端）如图 9.30 所示，虽然应急照明灯具可以正常开启，但在关闭时会造成备用应急电源线带电，导致该回路下所有应急照明灯具将无法关闭。

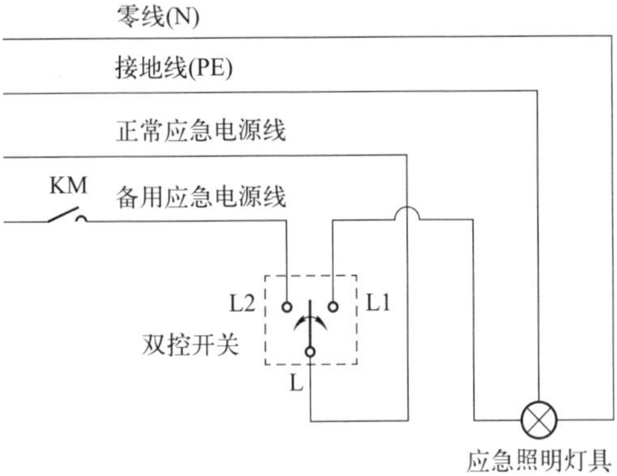

图 9.30　正常应急电源线误接

（4）若备用应急电源线误接入双控开关的负载接线端（L 端），如图 9.31 所示，应急照明灯具将无法开启，同时也可能会造成备用应急电源线带电，该回路下所有应急照明灯具将无法关闭。

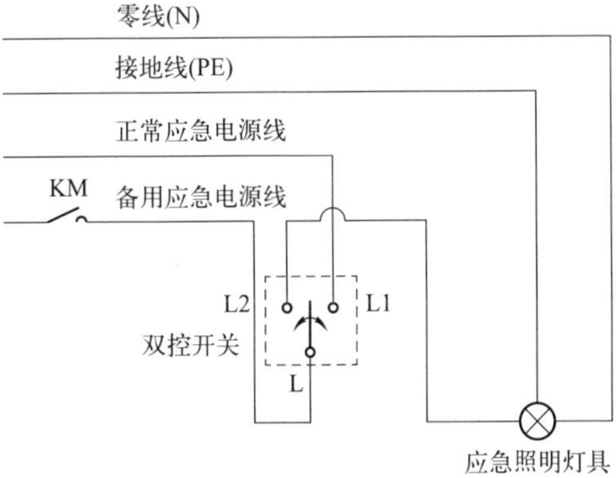

图 9.31　备用应急电源线误接

9.7.4 控制措施

（1）确保应急照明灯具火线正确接入双控开关的负载接线端，可在应急照明灯具安装过程中统一约定应急照明灯具火线采用同色电线。

（2）在接管检查过程中，可通过检查正常工况下应急照明电源装置（EPS）消防强启接触器下端是否带电来判断该回路是否有反送电现象。

第10章　通 信 专 业

10.1　通信专业主要质量通病概述

通信专业质量通病主要集中在传输骨干光缆纤芯预留方式不合理漏缆卡具松脱、脱扣，以及通信系统设备上下级空气开关容量倒挂等问题。

针对以上问题，一是设计上应充分了解运营期通信专业需求和特点，有针对性地优化设计方案，同时协调好各子系统厂家，制定统一设计标准；二是施工上各子系统厂家严格按统一设计标准施工、调试，避免“各行其是”，并向施工人员做好技术交底。

10.2　通信传输骨干光缆纤芯预留方式不合理

10.2.1　现象描述

通信传输系统骨干光缆的预留纤芯全部采用逐站成端上 ODF 配线架的预留方式，如图 10.1 所示。

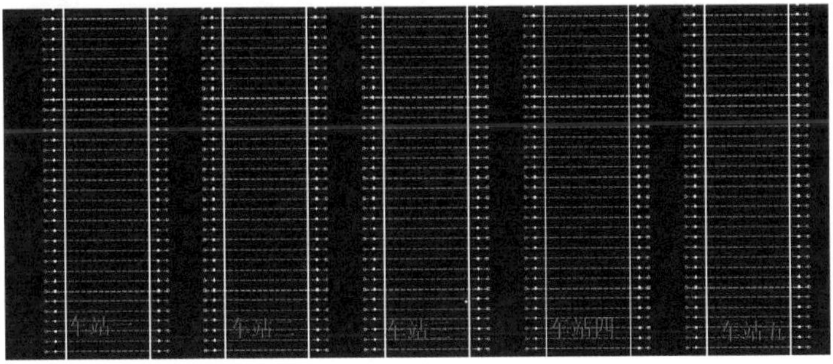

图 10.1　传输系统骨干光缆预留纤芯全部采用逐站成端的预留方式

10.2.2 影响及后果

在后期运营过程中，随着信息化新增光纤传输通道需求的增加，经常存在“换乘站-场段”、“换乘站-控制中心”、“换乘站-换乘站”、“场段-控制中心”的新增光纤通道需求，由于前期传输系统骨干光缆预留纤芯全部采用逐站成端的方式，运营维护人员往往只能通过跳纤实现光路的导通。由于逐站跳纤光衰大，多次跳纤后无法满足长距离光纤传输通道的要求。若运营后期将预留纤芯由逐站成端改为直熔，工程量和施工难度均较大，且易对正常运营业务造成较大影响。

10.2.3 原因分析

（1）设计单位对运营后期需要新增的光纤传输业务类型需求和特点了解不充分，在规划传输骨干光缆纤芯分配时，预留方式考虑不周。

（2）且对传输系统预留纤芯的分配，缺乏线网统一的设计标准，设计单位往往根据经验进行设计，在设计联络阶段与运营业主的沟通也不充分。

10.2.4 控制措施

（1）制定通信传输系统骨干光缆纤芯预留方式的统一设计标准。设计联络阶段加强与运营业主的需求沟通，纤芯分配图原则上先与运营业主沟通并达成一致后再交施工单位实施。

（2）充分考虑“换乘站-场段”、“换乘站-控制中心”、“换乘站-换乘站”、“场段-控制中心”的纤芯预留方式，根据实际需要规划以上几种预留纤芯类型的数量，满足运营后期光纤传输通道的新增需求。如图 10.2 所示。

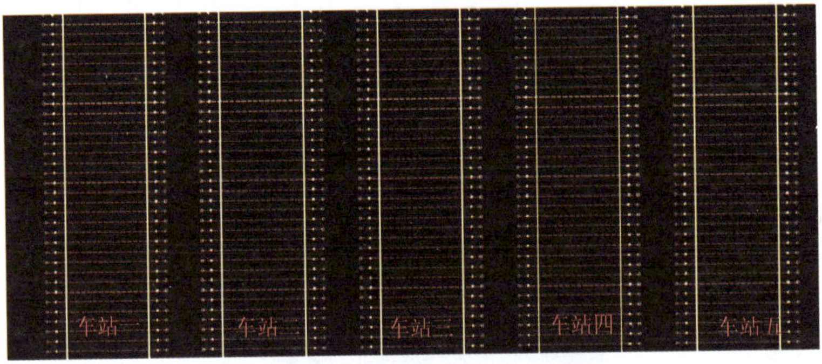

(a) 整改前

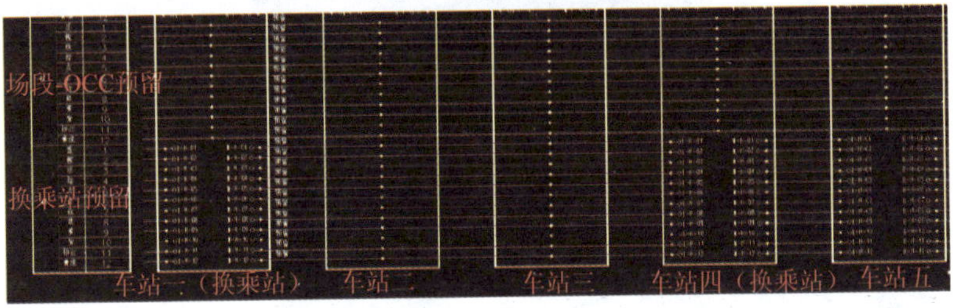

(b) 整改后

图 10.2 光缆纤芯预留整改措施

10.3 通信区间漏缆卡具松脱及脱扣

10.3.1 现象描述

通信专业区间漏缆存在卡具松脱、锁扣脱开等现象，如图 10.3～图 10.5 所示。

10.3.2 影响及后果

(1) 安全方面，通信区间漏缆卡具松脱、脱扣，导致问题卡具所在处的漏缆失去固定，不满足 GB 50382—2016《城市轨道交通通信工程质量验收规范》第 4.2.9 条：“敷设电缆用的支架、吊架间距应符

图 10.3 漏缆卡具松脱

图 10.4 漏缆卡具错位

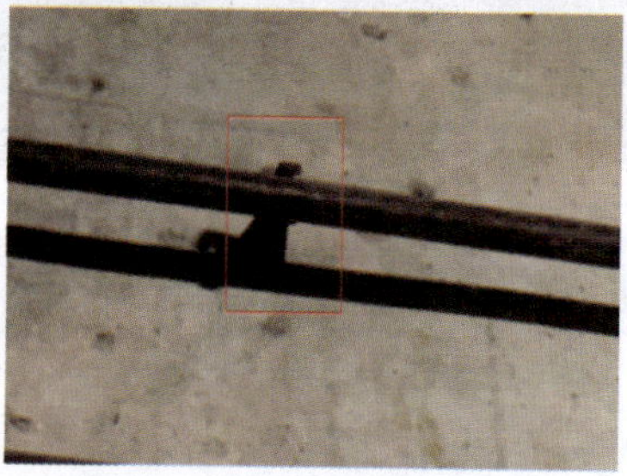

图 10.5 漏缆卡具爆开

合设计要求；当设计无要求时，水平敷设时宜为 0.8 m～1.5 m；垂直敷设时宜为 1.0 m。”的要求。问题卡具相邻的漏缆卡具分担载荷增大，在隧道风的长期作用和行车振动下，可能逐步发展为卡具大面积松脱、脱扣，导致漏缆侵界，影响行车安全。

（2）功能使用方面，通信区间漏缆卡具松脱、脱扣，使问题卡具所在处的漏缆失去固定，漏缆内外金属导体在漏缆自重和环境的长期作用下发生形变，增大漏缆的驻波比，影响无线信号覆盖和通话质量。

10.3.3 原因分析

（1）漏缆卡具松脱

1）施工安装时，漏缆卡具锚固螺栓打孔安装前，未检查结构内部有无钢筋等阻挡物，或在矩形区间打孔前未检查空鼓等情况，导致部分孔洞打孔位置不合理，不能发挥锚固作用，在后期行车振动和隧道风等作用下发生卡具整体松脱。

2）施工安装时，锚固螺丝、膨胀管与孔接触不紧密，在后期行车振动和隧道风等作用下发生卡具整体松脱。

3）漏缆安装敷设与其他专业存在交叉施工，漏缆在外力或其他载荷影响下发生整体松脱，如施工人员违规踩踏、拉拽漏缆等。

4）使用了不合格或有损伤的漏缆卡具。

（2）漏缆卡具脱扣

1）施工人员将漏缆固定入卡具时，未将漏缆卡具上、下锁扣调整平齐、扣紧，部分漏缆卡具上、下锁扣为两级锁闭，施工人员安装过程中仅锁闭了第一级。

2）现场使用的漏缆卡具与漏缆尺寸型号不匹配，卡具无法卡紧漏缆。

3）穿越隧道风机、区间水管、人防门等特殊区段，漏缆不可避免地发生弯曲跨越，使用的尼龙卡具由于无法承载过大的弯折力发生脱扣。

4）使用了不合格或有损伤的漏缆卡具。

10.3.4 控制措施

（1）施工前漏缆卡具供货商对施工人员进行专项培训，做好技术交底，避免漏缆敷设过程中违规拉拽漏缆。安装时采用跟岗检查等方式确保施工安装质量。对于可能造成区间漏缆损伤的外专业施工，提前沟通，在必要的情况下安排人员配合，做好漏缆现场防护。

（2）漏缆卡具锚固螺栓打孔安装前，预先检查结构内部有无钢筋等阻挡物，在矩形区间打孔前检查有无空鼓，根据实际情况微调打孔位置。漏缆卡具到货后进行外观检查，安装过程中如发现卡具损伤，及时更换新卡具。

（3）穿越区间水管、人防门等特殊区段，合理调整弯曲过渡处采用的卡具类型和安装间距，例如在弯曲过渡处的两侧使用带金属 U 形环的防火卡具或使用钢丝绳牵引吊挂的方式增加固定强度。

10.3.5 整改效果

（1）针对漏缆卡具松脱，首先检查周围结构结构上是否具备打孔条件，避开钢筋、空鼓等处重新打孔安装。整改效果如图 10.6 所示。

（a）整改前

（b）整改后

图 10.6 卡具松脱整改效果

（2）针对漏缆卡具错位，重新进行卡具安装调整。

（3）针对漏缆卡具脱扣，将漏缆卡具上下锁扣调整平齐，整改效果如图 10.7 所示。或采用更换新卡具重新安装的整改方式，在跨越区间落水管、人防门等特殊地段在弯曲过渡处的两侧使用带金属 U 形环的防火卡具，整改效果如图 10.8 所示。

（a）整改前

（b）整改后

图 10.7 卡具错位整改效果

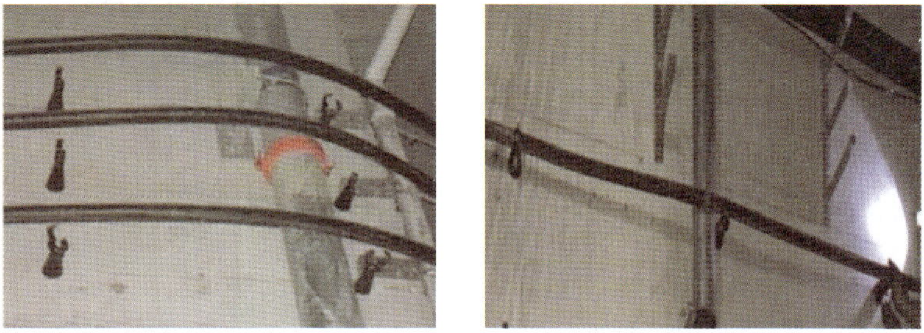

（a）整改前　　（b）整改后

图 10.8　卡具脱扣整改效果

10.4　通信系统设备上下级空气开关容量倒挂问题

10.4.1　现象描述

通信系统设备下级空气开关容量大于上级空气开关容量，如图 10.9 和图 10.10 所示。

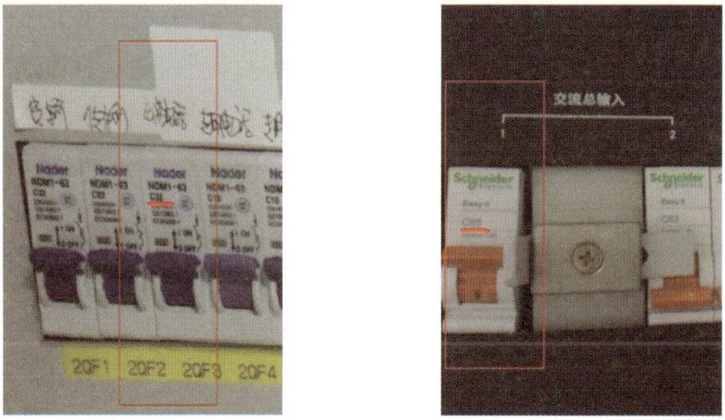

（a）配电屏空气开关容量 32 A　　（b）公务电话机柜设备对应空气开关容量 63 A

图 10.9　配电屏空气开关与系统机柜设备对应空气开关容量倒挂

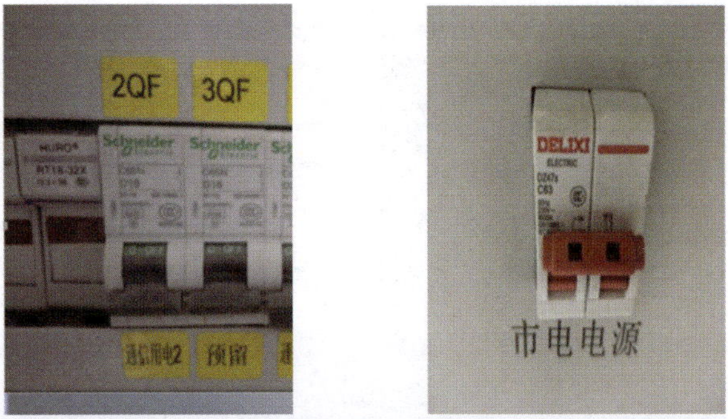

(a) 400 V 低压配电箱空气开关容量 16 A

(b) 通信配电屏输入总空气开关容量 63 A

图 10.10　400 V 低压配电箱空气开关容量与通信配电屏输入总空气开关容量倒挂

10.4.2　影响及后果

(1) 配电屏空气开关容量与机柜设备空气开关容量上下级倒挂，当下级个别设备发生过载、短路等情况时，由于配电屏空气开关容量小于机柜设备空气开关容量，使得配电屏上对应的该系统支路空气开关先分断，导致该系统所有设备掉电，扩大故障影响；同时由于通信大部分重要子系统采用双机热备份的工作方式，此时热备份的两台设备同时掉电，热备份功能失效。

(2) 400 V 低压配电箱空气开关容量与通信配电屏输入空气开关容量倒挂，在个别通信负载设备发生过载、短路等情况时，400 V 低压配电箱空气开关先分断，导致通信 UPS 供电的所有负载全部掉电，对行车指挥和客运服务造成较大影响。

10.4.3　原因分析

(1) 配电屏空气开关与系统机柜设备空气开关容量倒挂

通信设计与集成商未做好前期空气开关容量统一规划和配置。在设计联络与接口谈判阶段，各系统厂家向设计提交的需求为设备额定功率，UPS设备厂家据此配置配电屏上各系统对应的空气开关容量。施工安装阶段，各系统厂家为确保机柜设备空气开关在正常使用过程中不跳闸，按最大功率自行选用并安装机柜空气开关，最终导致部分机柜设备空气开关容量大于UPS配电屏上的空气开关容量，形成上下级空气开关容量倒挂。

（2）400 V低压配电箱空气开关容量与通信配电屏输入空气开关容量倒挂

设计阶段通信专业设计与机电专业设计信息沟通不充分，接口谈判阶段通信集成商未充分发挥统筹协调职能，通信UPS厂家根据经验配置配电屏总输入空气开关容量，未在考虑并提出对上级空气开关容量的需求，出现空气开关容量倒挂现象。

10.4.4 控制措施

（1）设计方面，一是设计联络阶段由通信设计牵头，集成商协调，统筹规划配电屏上各系统空气开关容量和各系统机柜空气开关容量，确保配电屏各系统空气开关容量大于各系统机柜空气开关容量；二是通信专业设计做好与机电专业设计的沟通，保证400 V低压配电箱空气开关容量大于通信配电屏总输入空气开关容量。

（2）施工方面，各系统厂家严格按容量规划配置机柜空气开关，避免“各行其是”，并在设备安装阶段现场检查落实。

第11章　信 号 专 业

11.1　信号专业主要质量通病概述

信号专业问题主要集中在系统性故障（系统功能缺失）和硬件设计缺陷两方面。系统性故障主要是车地通信中断、列车地位丢失、常用系统功能不完善等问题，以上任何一个问题都会导致列车信号模式不可用或降级运行，造成列车晚点，扰乱运营秩序。系统功能的缺失会在设备故障情况下给行车组织带来极大的不便，甚至造成列车大面积晚点。硬件设计缺陷将导致现场设备工作状态不稳定、故障频发、设备维护困难等问题，最终影响到列车的运营组织。

针对以上问题，一是设计上应考虑实际运营过程中特定场景对系统系统功能的影响，反复研究推演在后期运营过程中存在的各种情况并加以改进，以确保系统可靠运行，在系统设计中尽量整合系统部件，提高设备集成度，减少故障点；二是设备安装调试时都必须进行反复测试，以发现并弥补硬件设计缺陷，避免将问题带入运营期。

11.2　车地双网通信中断

11.2.1　现象描述

列车以 CBTC 模式运行过程中，双网通信中断 3 s 及以上，车载信号显示屏出现双网通信中断告警，列车产生紧急制动，信号 CBTC 模式不可用，如图 11.1 所示。

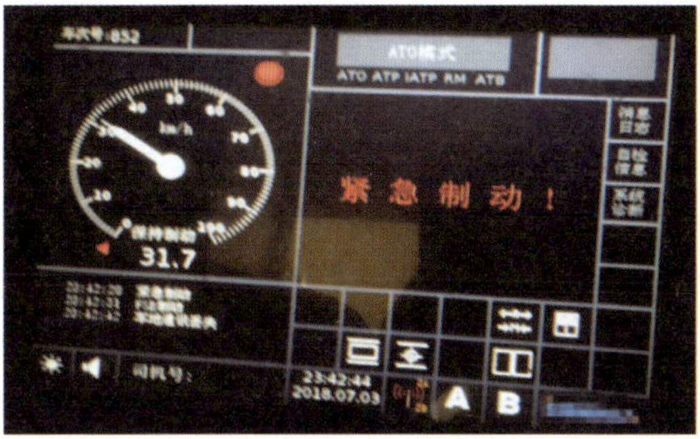

图 11.1　列车紧急制动图

11.2.2　影响及后果

（1）运营方面，在 CBTC 模式下，列车双网通信中断 3 s 及以上，列车将无法获得移动授权而产生紧急制动（EB），且列车 CBTC 模式不可用，需降级运行，待车地通信恢复后，方能升级至 CBTC 模式运行。此故障将导致该列车运行效率降低，同时由于列车运行模式降级将影响后续 CBTC 列车的正常运行，加大与后续列车的运行间隔，导致列车运行晚点，扰乱运营秩序。

（2）安全方面，列车产生紧急制动（EB）时，将大幅降低乘客乘车舒适度，甚至导致乘客跌倒、碰撞，存在安全风险。

11.2.3　原因分析

（1）信号干扰影响。地铁车地无线通信系统采用 2.4 GHz 频段，该频段为非授权专用频段，目前广泛应用于家用及商用无线设备，如无线路由器、热点等，无线信号干扰源较多。尤其是在高架开放区段干扰情况尤为突出，极易导致车地无线通信丢包或中断。

（2）隧道环境影响。当线路隧道存在连续弯道或弯道半径较小时，无线电磁波的传输将受到环境阻挡，加之多径效应的影响，易造成信号传播衰减过大，最终导致列车车地通信中断，环境问题需在设计阶段充分考虑。

（3）特定场景影响。由于轨旁无线自由波天线安装位置与列车高度基本齐平，当有列车会车时，尤其是在高架开放区段，受到列车车体遮挡影响，对向列车收到的网络场强会急剧下降，导致车地通信丢包严重，存在网络通信中断的风险。

11.2.4 控制措施

（1）设计方面

1）在线路高架开放区段，建议设计采用波导管或漏缆作为无线传输介质，弥补无线自由波天线容易被干扰且信号覆盖不均匀的劣势。波导管具有泄漏信号均匀、不易被干扰、传输稳定可靠等优点；漏缆同样具有传输性能好、抗干扰性强、传输连续等良好特性。且波导管和漏缆后期维护量较小，设备寿命较长。同时轨旁无线网络频率可使用专用频段，与各类无线移动设备频段区分开来，避免信号干扰。

2）充分考虑线路隧道环境影响，在弯道区段采用“之”字形天线布置方案，通过现场勘查测试，消除信号阻挡或者信号覆盖不均匀的情况，确保行车路线无信号盲区或弱场强区。

3）在设计阶段不仅要充分考虑现场固定环境的影响，还需反复研究推演在后期运营过程中存在的各种场景，避免特定场景对车地无线通信的影响，确保网络稳定。

（2）安装调试方面

为保证车地无线信号能量收发最大化，轨旁无线天线和车载天线均采用定向天线，此类天线在特定方向发射和接收电磁波，天线的通信质量对安装角度的要求非常高。因此天线在初次安装和后期更换时都必须进行场强测试，确保轨旁天线和车载天线信号收发角度正确。

11.2.5 整改效果

（1）对于周围人口密度较大、干扰源较多的车站，尤其是高架站，设备维保人员需定期利用场强测试仪或频谱分析仪进行无线环境排查，确保行车路线无较强固定干扰源。

（2）针对特定场景下列车会车时电客车车体遮挡信号问题，现场确认轨旁天线过轨条件，现场调查核实功分器、转接头、馈线等安装条件后进行改造，利用功分器在线路对侧增加一根过轨天线，解决会车时信号遮挡问题。如图 11.2 所示。

图 11.2　站台无线环境

对整改效果进行动、静态验证，验证结果表明：在固定干扰源被排除，且在线路对侧增加无线天线后，上、下行列车会车时，车地通信质量良好，信号无遮挡，车地无线通信网络得到了一定程度的优化改善，区段内因车地通信中断而 EB 的故障大幅降低。

11.3　列车定位丢失

11.3.1　现象描述

列车在运行过程中因定位丢失触发 EB，车载信号屏显示列车定位丢失，信号模式不可用。

11.3.2　影响及后果

（1）运营方面，列车在以信号模式运行过程中，定位丢失将触发 EB，导致信号模式不可用。在故障恢复之前，列车只能切除信号模式，以车辆模式人工驾驶运行。故障将导致该列车运行效率降低，同时由于列车运行模式降级将影响后续 CBTC 列车的正常运行，甚至导致后续 CBTC 列车触发 EB，同时也将加大与后续列车的运行间隔，导致列车运行晚点。而且如果列车定位系统中的部件故障，通常在线上重启无法恢复，需以车辆模式运行至场段或存车线进行故障处理，列车下线将严重扰乱运营秩序。

（2）安全方面，列车产生紧急制动时，将大幅降低乘客乘车舒适度，甚至导致乘客跌倒、碰撞。同时因信号模式不可用，切除信号模式后，列车运行安全只能靠地面信号和司机人工防护，存在安全风险。

11.3.3 原因分析

列车定位系统主要包括信标读取设备和测速补偿设备，信标读取是通过列车读取布置在线路上的静态信标来实现列车的初始化定位和后续重定位。信标读取链路为：信标查询器主机通过车底信标天线读取静态信标后，经由查询器主机将信标信号发送至车载控制器内部板卡进行解调和解码并检测有效信标 ID，仅解码后校验成功的信标数据能够用于列车定位及不确定度修正。列车的读标链路结构如图 11.3 所示。

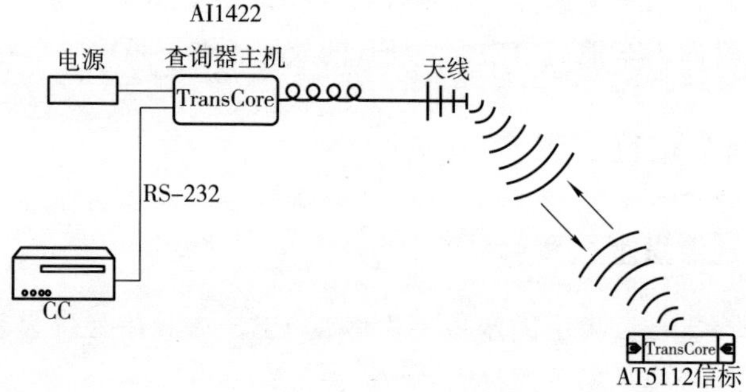

图 11.3 列车读标链路结构

（1）由于列车信标读取链路涉及各类设备及零部件较多，任何一个环节或部件出现问题都会导致列车信标读取失败，若连续出现丢标，最终将导致定位丢失，且故障点不易排查，此属于产品设计缺陷，设备集成度不高。

（2）列车定位系统中使用的美式信标较欧式信标读标功率低，读取范围小，设备稳定度差，极易出现信标读取失败的情况。同时美式信标对地面信标安装精度要求高，一旦出现安装不水平或高度不达标，均会导致信标读取能力下降，较容易产生丢标情况，从而造成列车对位不准甚至定位丢失。

（3）测速补偿设备采用速传和加速度计结合的方式对列车进行测速定位。在设计中，加速度计测量容错范围小，对安装精度要求高，列车运行时经常会出现加速度计校验错误，当错误次数过多时将导致加速度计自锁，加速度计自锁将会导致列车定位测速系统失效，造成列车定位丢失。且加速度计自锁后无法通过线上重启恢复，对列车运营组织影响较大，属于设计缺陷。

11.3.4　控制措施

（1）设计方面，一是产品设计中应尽量整合系统部件，在信标读取链路中提高设备集成度，缩短信息处理链路，减少故障点；二是信标读取系统中，建议设计选用欧式读标系统，提高信标读取稳定度，减少故障率，同时欧式信标对安装的容错性较高，减少因为安装问题导致的信标读取失败；三是测速补偿设备，建议设计选用雷达、编码里程计替代加速度计实现列车定位测速，提高设备稳定性和容错率。

（2）设备维保方面，对于设备集成度不高、信标读取链路冗长、设备选型稳定性不足、故障点多等问题，在后期的维保中，一是要保证设备计划修的质量，在保证设备运行状态良好的情况下也要避免过度修。二是要做好设备的预防修工作，比如定期对车载的运行数据进行筛查，查看每列车近期信标读取情况，发现列车有偶尔丢标或多列车丢失同一信标的情况，提前进行隐患排查及整改，确保列车读标系统工作稳定。

11.4　远距离三项交流道岔表示无法断开

11.4.1　现象描述

采用三相交流五线制控制电路的道岔，控制距离（信号设备室至室外道岔的距离）大于 2 km 时，在室外道岔电缆盒内断开 X1，道岔表示继电器无法正常落下。表 11.1 为部分控制距离大于 2 km 道岔的测试情况，在道岔电缆盒内断开 X1 有 4 组道岔反位表示继电器不能正常落下。

表 11.1 道岔继电器测试表

道岔号	定反位	表示继电器 1-4 线圈交流电压（V）	表示继电器 1-4 线圈直流电压（V）	X1 断线后表示继电器 1-4 线圈交流电压（V）	X1 断线后表示继电器 1-4 线圈直流电压（V）	表示继电器是否可靠落下
W2802	反位	61.9	21	18.8	7.8	否
W2804	反位	61.9	21	18.6	7.8	否
W2806	反位	62.1	21	18.8	7.9	否
W2808	反位	61.9	21	18.6	7.8	否

11.4.2 影响及后果

此问题在 X1 故障断开时，不会造成道岔错误转换和道岔错误表示，不存在安全隐患。但是 X1 断线故障无法被及时发现，若在运营期间暴露出问题，会影响列车运营组织，导致列车晚点。

11.4.3 原因分析

根本原因在于 X1 与各芯线之间的分布电容。一般情况下，X1 断开后，X1 与 X2、X4 间处于断路状态，DBJ 无法保持励磁状态。但考虑到电缆芯线间分布电容的存在，X1 与 X2 间存在分布电容 C1-2，X1 与 X4 间存在分布电容 C1-4，X1 与 X3 间存在分布电容 C1-3。道岔表示变压器Ⅱ次侧 110 V 交流电经线间分布电容 C1-3、C1-4 及 DBJ 与二极管并联部分形成通路，如图 11.4 所示。随着电缆长度的不断增加，通路的电流随之不断增大。当达到一定的程度，回路中的继电器就不能可靠落下。断线后，道岔表示电路经线间分布电容是造成 DBJ 不能可靠落下的原因。

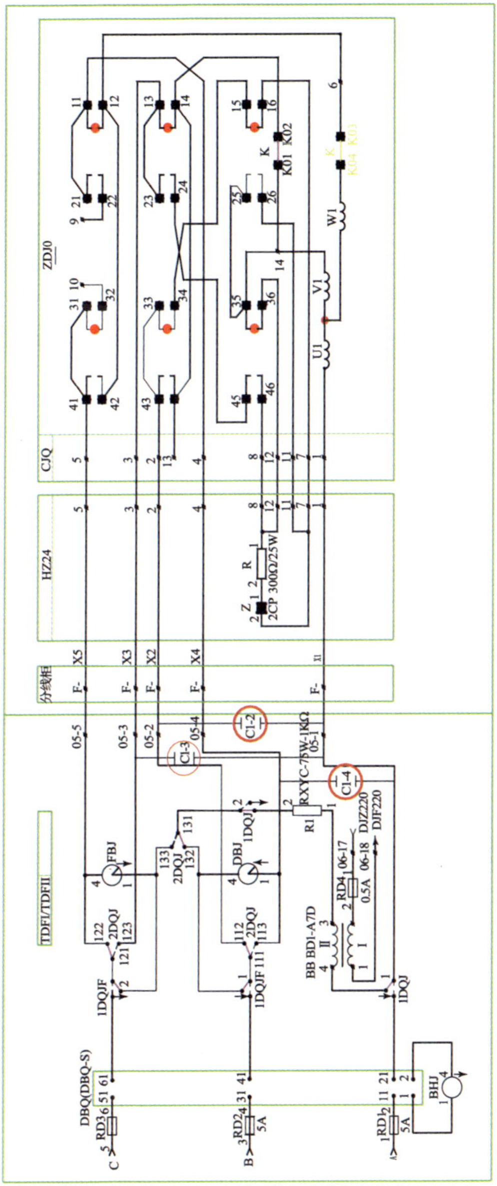

图 11.4 三相交流五线制道岔控制电路图

线间分布电容与电缆长度、芯线截面、芯线间距离、芯线间介质均相关。一般说来，电缆长度越长，分布电容越大；芯线截面越大，分布电容越大；芯线间距离越远，分布电容越小。

因此当道岔控制距离大于 2 km 时，在设计时应将 X1 与 X2～X5 分缆设置，减少电缆芯线间的分布电容。此问题属于设计缺陷。

11.4.4 控制措施

（1）在后续新线建设中，三相交流五线制道岔控制电路，电缆长度超过 2 km 时，需将 X1 与 X2～X5 设置在不同的电缆中。

（2）远距离线路的线间分布电容计算比较复杂。目前远距离电缆遇到的各类继电器不能可靠落下的问题均与此相关。如何减小线间分布电容或减小线间分布电容对电路的影响，在设计阶段需做进一步的研究。

11.4.5 整改效果

对于已经开通运营的线路，道岔控制距离大于 2 km，存在道岔表示无法断开的问题时，需实地考察改造成本、可行性及施工难度。可通过改换 X1 芯线电缆、重新敷设电缆对 X1 分缆设置等技术改造进行整治，以确保道岔表示能够可靠断开。

11.5 系统常用功能不全

11.5.1 现象描述

系统未设置区段故障解锁、进路冲突检测、引导总锁等功能，降低运营组织效率，同时不利于设备故障情况下的行车组织。

11.5.2 影响及后果

（1）区段故障解锁（区故解），已发生故障的轨道区段，在人工确认区段空闲后，使用区段故障解锁功能来解锁故障区段，此种解锁方法不带任何解锁条件，需要人工进行确认。

（2）在出现联锁机重启、相邻联锁区联锁通信中断等特定情况下，进路中将会出现正向或反向的方向锁，即相应区段被故障锁闭。若系统未设置区故解功能，存在方向锁的区段无法及时通过区故解解锁，导致相关进路无法正常排列。

（3）在没有区故解功能的情况下，若进路中出现方向锁，只能通过重新排列—取消对应进路、模拟占用、列车依次占用来解锁故障区段。如果故障发生在运营时段，由于线上运行列车较多，以上操作将打乱列车运营秩序，导致列车晚点。尤其在出现反向方向锁的情况，更是无法通过上述方法进行解锁，从而导致进路无法正常排列，信号无法开放，列车只能切除信号模式以闯红灯的方式运行。不仅会导致列车大面积晚点，同时存在很大的安全隐患。

11.5.3 原因分析

系统在最初联锁功能设计中未设置区故解功能，只能通过排列—取消进路、模拟占用等方式进行解锁，而在实际运营过程中，以上两种方式均会严重扰乱列车运行秩序，所以在设计中须增加区故解功能，此问题属于系统功能设计缺陷。

11.5.4 控制措施

后续线路在系统设计中增加区故解功能，并将此功能纳入常用系统功能，以满足实际运营中的故障处置需求。增加此功能后，当某一区段出现故障锁闭时，可采用区故解功能在人工确认安全的情况下立即对故障区段进行解锁，大幅减小对列出运营组织的影响，如图11.5所示。

11.5.5 整改效果

在系统未设置区故解功能的情况下，当运营时段出现反方向锁区

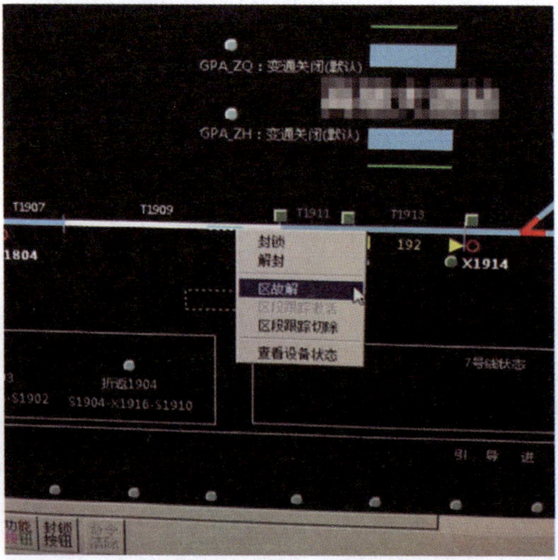

图 11.5　区段故障解锁功能

段故障锁闭时，可通过以下方式进行故障区段解锁：当反方向锁所在进路方向的上一区段无反向锁，且本区段空闲时，可以通过列车依次占用解锁本区段；将本联锁区转至非验证模式下，排列反方向进路后不发送直接取消进路，解锁进路内的故障区段。

11.6　电源系统电路缺陷

11.6.1　现象描述

电源屏输出至稳压器和 UPS 电路中，未设置输出断路器，仅将两路输出并在一个端子座上，如图 11.6 所示。

11.6.2　影响及后果

（1）设备方面，无法通过断开前端电路单选 UPS 供电或稳压器旁路供电。在需要仅对 UPS 主路电路进行故障处理的情况下，也必须

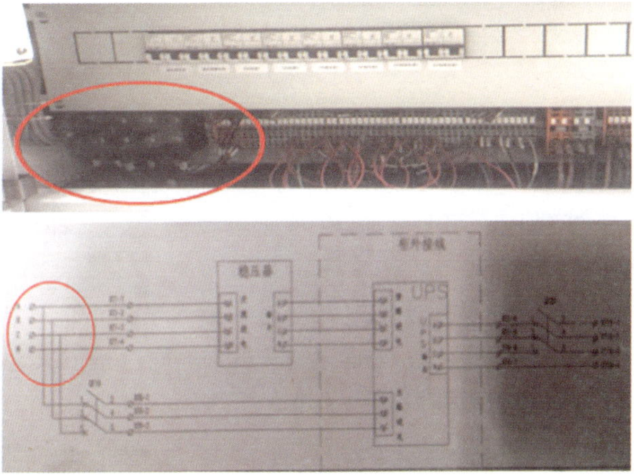

图 11.6 接线缺陷图

断开两路电，造成本站所有信号设备掉电，且无法使用维修旁路通过稳压器供电，电路中的维修旁路不能发挥应有作用。在需要对稳压器进行故障处理时，也必须对两路电源进行断电，而蓄电池供电时间有限，信号设备也存在掉电风险。信号设备一旦掉电，将对运营造成更大影响。

（2）安全方面，对 UPS 主路或旁路输入部分以及稳压器故障情况下进行处理时，因为无法通过前端断路器的通断来选择备用供电电路，又同时需要规避仅用蓄电池供电时长不够的特殊情况时，为了避免信号设备掉电，人员只能带电作业，存在安全风险。

11.6.3 原因分析

电源设备厂家将电源屏输出至 UPS 和稳压器的接线通过端子座直接连通，中间未分别设置断路器，未在 UPS 和稳压器前端设置可控制点，造成无法断开前端电路。

11.6.4 控制措施

新建线路在 UPS 和稳压器供电前端增设断路器，避免此类安全隐患。

11.6.5　整改效果

（1）对于前期线路实地考察改造成本、可行性及施工难度，在电源屏输出端将UPS/稳压器供电端子座改为两个输出断路器分别控制UPS和稳压器供电，可以根据检修或故障需要，选择断开输出至UPS或稳压器的电路，方便检修和故障处理。

（2）为保证设备不轻易断电，同时检修人员尽可能不带电作业，在稳压器故障检查时，为保证输入端子不带电同时不依靠蓄电池长时间供电，可先断开电源屏两路输入电，再将稳压器输入A/B/C/N电缆取下，同时将N端子通过电缆连接至UPS输入N端，即可重新合上电源屏供电电源通过市电供电，如图11.7所示。

图11.7　接线缺陷整改后效果

11.7　计轴设备散热不良、板卡配置不合理

11.7.1　现象描述

（1）计轴机柜散热条件不良，机柜完全密闭，且设置双层密闭钢柜门，严重影响设备散热，导致设备故障，如图11.8所示。

（2）计轴设备核心处理板卡配置不合理，同一机柜内所有计轴区段共用一套CPU板卡，一旦CPU板卡发生故障，将导致该计轴机柜管辖的所有计轴区段红光带，通常是整个联锁区。

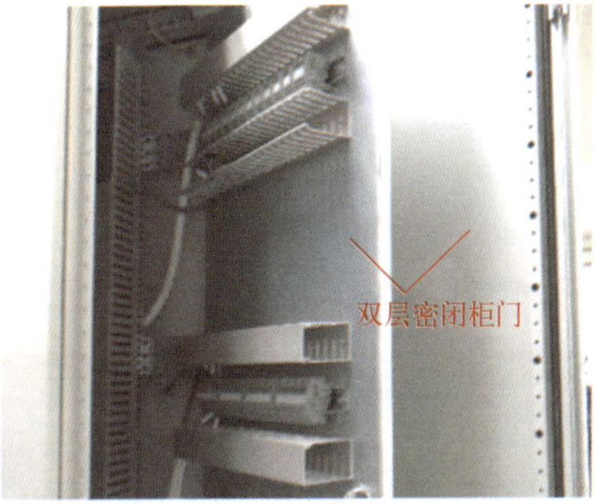

图 11.8 计轴机柜背面

11.7.2 影响及后果

(1) 计轴机柜散热不良，将影响板卡使用寿命，导致设备故障率上升，甚至出现板卡固定卡槽因长期温度过高融化并粘连板卡的现象，导致板卡不易拔除和更换，故障处理过程中影响处置效率，同时极易造成板卡损坏，如图 11.9 所示。一个计轴机柜满配可容纳 36 个计轴点和 24 个区段的设备，散热不良将会导致故障倍增。

图 11.9 计轴板卡及卡槽

（2）计轴设备核心处理板卡配置不合理，每个计轴机柜设置一套共用 CPU 板，对全区计轴数据计算并比对输出，如图 11.10 所示。若 CPU 板出现故障，将导致全区计轴红光带。影响区域内进路排列，信号无法开放，所有非 CBTC 列车无法正常通过该区域，只能切除列车信号模式，以车辆模式越红灯运行，不仅会导致列车大面积晚点，同时也存在安全风险。

图 11.10　计轴 CPU 板配置

11.7.3　原因分析

一是计轴机柜散热不良，产品设计中未充分考虑散热条件，特别是背面的整块密闭式双层柜门。为了满足机柜内的设备布置，未考虑其他不利因素，尤其是机柜散热问题。同时也未考虑加装散热风扇等补救措施，导致整个机柜处于全密闭状态。二是产品设计中未按照区段和计轴点分别配置核心处理板卡，而是采用整个机柜合用一套 CPU 的方式，未实现计轴区段的分散自律，CPU 板卡故障后影响面积大。

11.7.4　控制措施

（1）针对计轴机柜散热不良问题，在产品设计中应综合考虑设备布置、防尘、散热等因素，在计轴机柜顶部增设散热风扇，满足设备散热需求，确保设备运行稳定。

（2）针对计轴设备核心处理板卡的配置问题，建议在产品设计中采取区段单独配置处理板卡的模式，即使发生故障也只影响本区段，大大减小故障影响范围，如图 11.11 所示。

图 11.11 计轴板及输出板

11.7.5 整改效果

（1）对于计轴机柜散热不良问题，由于所有设备已不具备加装散热风扇的条件，维保部门可根据设备房实际情况打开机柜门进行散热，加强巡视和设备管理，确保不因柜内温度过高造成设备故障。

（2）对于计轴设备核心处理板卡配置不合理问题，维保部门需确保现场 CPU 板备件充足，同时加强现场值班人员故障处理能力培训，一旦发生此类故障能第一时间完成故障处理，将故障影响降到最小。

第12章　AFC专业

12.1　AFC专业主要质量通病概述

AFC专业主要对自动检票机内部模块未合理固定、自动售票机发卡模块传送机构设计不合理两个相对常见的问题进行分析。

针对以上问题，一是设计上依据运营中的易发故障优化AFC设备设计，提升设备可靠性；二是施工上提高施工人员业务水平，严格按照设计图纸进行施工。

12.2　自动售票机发卡模块传送机构设计不合理

12.2.1　现象描述

自动售票机内部的发卡模块传送机构设计不合理，设备故障率较高，如图12.1所示。

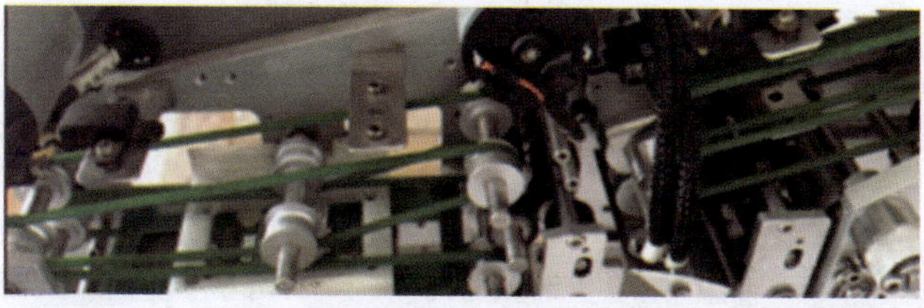

图12.1　模块图

12.2.2　影响及后果

(1) 设备方面，自动售票机频繁出现传送通道卡票、皮带损坏、小轴承损坏等故障，导致自动售票机整机故障，造成设备运行不稳定。

（2）客服方面，自动售票机是直接面向乘客服务的设备，频繁卡票等故障将直接影响乘客购票，影响车站对外服务水平。

12.2.3　原因分析

自动售票机发卡模块传送机构中，轮轴间采用 2 根细长圆柱形皮带作为传送带，由于皮带细长，与票卡接触面较小，在使用过程中存在断裂损坏比例较大，导致模块工作不稳定，更换困难。

12.2.4　控制措施

（1）调整传送模式。更改传送机构的轴承座、轴承、皮带轮、皮带轮轴、压卡轮、压卡轮轴等结构件，整体改变原来的传送模式。

（2）更换为宽皮带。传送皮带全部更换为接触面大、不易断裂的宽平型皮带。

12.2.5　整改效果

更改传送模式，压卡轮、调整压卡轮轴等结构件，更换宽皮带。整改效果如图 12.2 所示。

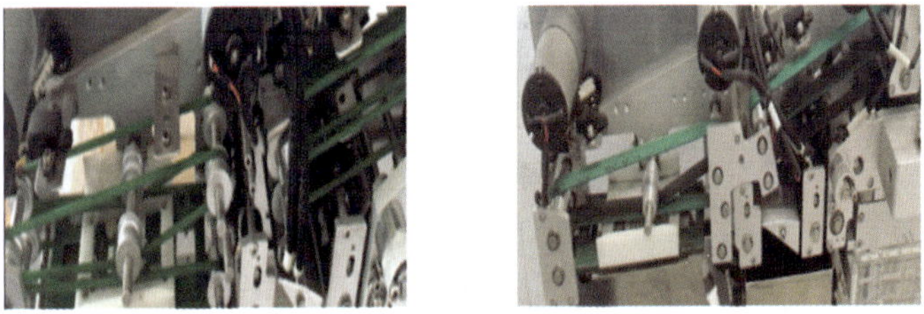

（a）整改前　　（b）整改后

图 12.2　发卡模块整改效果

12.3　自动检票机内部模块未合理固定

12.3.1　现象描述

光纤终端盒直接摆放在检票机底部，未采取任何有效的方式予以固定，如图 12.3 所示。

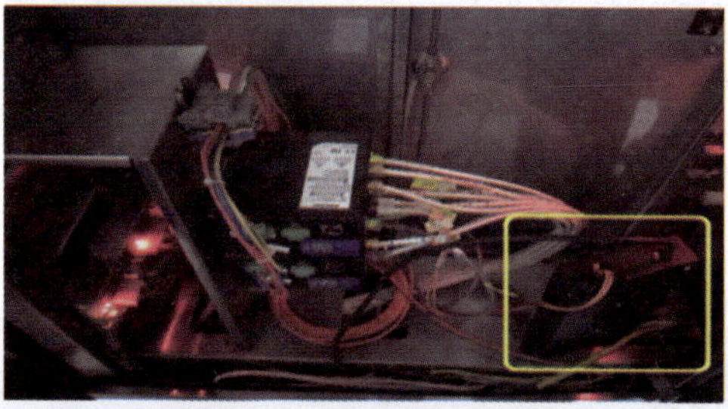

图 12.3 光纤终端盒未固定

12.3.2 影响及后果

（1）网络故障方面，车站客值或 AFC 维修人员开关维护门时，以及乘客过闸时拖动行李箱撞击检票机，均可能导致网线头或者光纤头松动、光纤断裂甚至光纤终端盒跌落损坏，致使本台、本组的检票机网络中断，从而影响到设备数据上传、参数下发，造成客流、收益等信息缺失，甚至直接影响乘客现场使用二维码过闸等联机功能。

（2）安全影响方面，为了保证设备强度，检票机的机壳一般都采用金属材料，内部安装了多个模块和板卡。当光纤终端盒跌落或者线缆破损，存在短路的可能，也可能导致其他模块或者板卡烧毁，从而引发更严重的设备故障或者人员伤害。

（3）成本控制方面，由于光纤终端盒未合理固定，导致设备故障或者损坏后，除了需要重新更换线缆或者光纤终端盒，还可能需要更换其他受损的模块或者部件，均会造成较多备品备件消耗，导致运营成本上升。

12.3.3 原因分析

施工前未组织施工人员进行施工流程和规范等相关培训；施工人员现场施工不规范，未严格按照设计图纸进行施工；施工完成后，未安排人员对施工情况进行确认和整改。

12.3.4 控制措施

通过采取螺丝、钣金件或者调整模块位置等方式，对光纤终端盒重新安装固定，确保稳定不松动；重新整理线缆，并使用线卡、扎带等捆扎，打好标签，确保线缆归顺，兼顾美观。

12.3.5 整改效果

严格按照规范施工，重新固定设备、整理线缆。整改效果如图12.4所示。

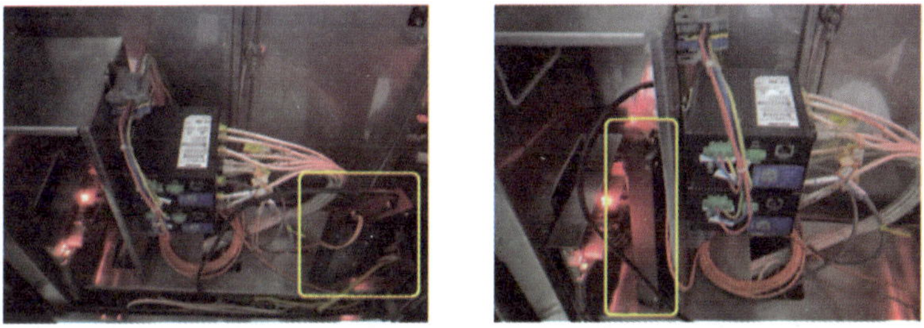

(a) 整改前　　(b) 整改后

图12.4 光纤终端盒整改效果

第 13 章　自动化专业

13.1　自动化专业主要质量通病概述

自动化专业的问题主要集中在 SCADA 工程多站共用一个 IO _ SERVER、不同品牌交换机组建综合监控系统网络时无法冗余切换、综合监控系统中央无法实时记录 SCADA 报文、集中告警系统无告警信息动态分级管理功能等方面。

针对以上问题，一是设计充分考虑运营期设备故障影响范围及处置问题，合理设置系统功能，同时设备选型上应考虑与既有线软硬件兼容问题；二是严格卡控设备安装质量。

13.2　综合监控系统中 SCADA 工程多站共用一个 IO _ SERVER

13.2.1　现象描述

综合监控系统集成的 SCADA 工程为多站共用一个 IO _ SERVER。

13.2.2　影响及后果

综合监控系统多站共用一个 IO _ SERVER 集成 SCADA 系统，当一个 IO _SERVER 出现故障时，综合监控系统与多个车站 SCADA 系统通信中断，导致对多站 SCADA 系统无法监控，扩大了故障影响面。

13.2.3　原因分析

综合监控系统集成 SCADA 时，集群配置未充分考虑 IO _ SERVER 故障影响范围，多站 SCADA 系统共用一个 IO _ SERVER。

13.2.4　控制措施

优化综合监控系统 IO _ SERVER 配置方案，一站一个 IO _ SERVER 集成 SCADA 系统。

13.3　综合监控系统网络无法冗余切换

13.3.1　现象描述

同一线路综合监控系统采用不同品牌交换机或交换机不同型号，交换机软硬件不兼容，导致并网后整个综合监控骨干网无法实现网络冗余切换功能，如图 13.1 所示。

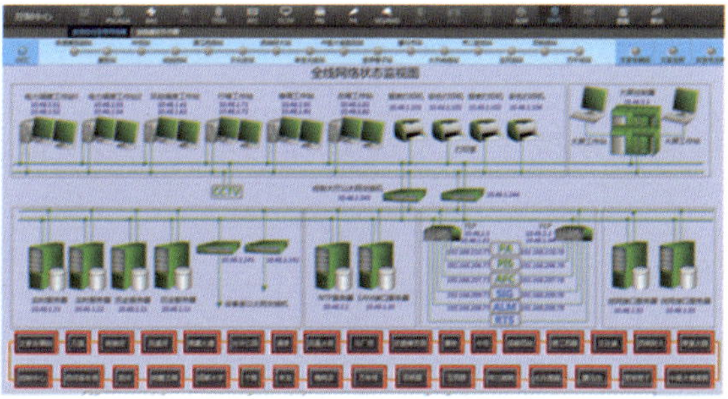

图 13.1　综合监控界面图

13.3.2　影响及后果

当综合监控骨干网主环网故障时，网络无法自动切换到备环网，使得控制中心失去全线设备的监控能力，出现无法执行程控停送电，到站 PIS、PA 失效，大屏显示失效等影响行车、客运服务的故障。

13.3.3 原因分析

（1）设计方面，延伸线综合监控系统网络接入采用骨干网合环方式，将延伸线骨干网直接并入既有网形成一个大环网。网络接入前未充分考虑既有线与新建延伸线交换机软硬件不兼容的问题，导致并网后整个综合监控骨干网无法实现网络冗余切换功能。

（2）施工方面，综合监控骨干网光纤熔接质量不高，造成部分骨干网通道光衰较大；综合监控至通信 ODF 配线架直接使用尾纤跳线连接，由于尾纤较为脆弱，容易断裂或导致通道光衰较大。

13.3.4 控制措施

（1）设计方面，延伸线综合监控骨干网合环并网或不同品牌交换机并网时，需充分研究、论证设备软、硬件差异对网络接入的影响，并进行相关试验验证。

（2）施工方面，采用稳定的综合监控网络布线方案，严格卡控骨干网光纤熔接质量，综合监控至通信 ODF 配线架采用稳定的光缆进行连接。

13.4 综合监控系统中央无法实时记录 SCADA 报文

13.4.1 现象描述

综合监控系统中央无法实时记录 SCADA 报文，需手动开启软件后才能抓取，如图 13.2 所示。

13.4.2 影响及后果

综合监控中央无法实时记录 SCADA 报文，需手动开启软件后才能抓取，故障发生期间的报文无法保留，不利于故障发生后的故障分析判断及解决。

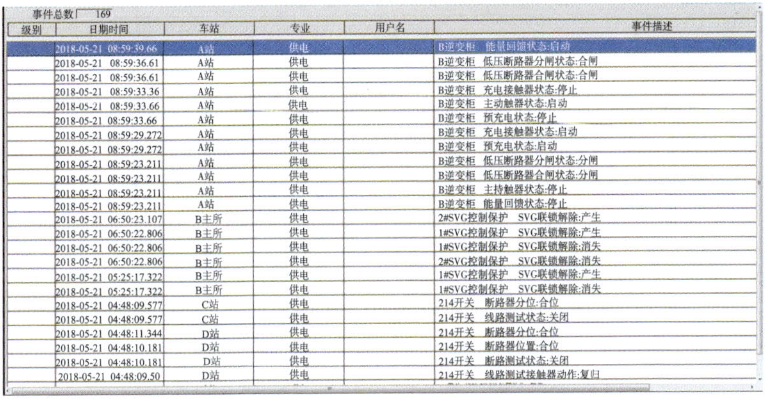

图 13.2　综合监控报文

13.4.3　原因分析

综合监控系统与 SCADA 系统的报文文件存储在综合监控系统前置通信处理机 FEP 上，FEP 硬盘一般只有 8 G，而报文数据量大，系统及应用程序安装占用一部分空间后，剩余可用空间有限，无法储存大数据文件，导致报文采集不能长时间开启。

13.4.4　控制措施

将 SCADA 报文存储地址由 FEP 改为服务器硬盘或采取其他方式；报文抓取方式由手动开启调整为自动抓取，以天为单元进行存储，每隔一段时间自动覆盖。

13.5　自动化专业的其他问题

自动化专业的其他问题、影响及解决措施见表 13.1。

表 13.1 自动化专业的其他问题、影响及解决措施

问题	影响	解决措施
集中告警系统无告警信息动态分级管理功能	由于告警信息量太多，维护人员无法快速甄别重要告警信息，导致不能及时发现故障隐患，无法快速有效地处理故障	增加告警信息动态分级管理功能，维护单位可以根据情况变化动态地自定义告警信息的分级

第14章　站台门专业

14.1　站台门专业主要质量通病概述

站台门专业问题主要集中在站台门与接口设施间隙过小、高架站安全门靠轮损坏严重以及站台门绝缘失效等。

针对以上问题，一是设计应落实相关专业与站台门系统的设备接口关系，明确接口位置和施工要求；二是严格卡控现场施工质量，充分预想考虑设备加工误差、现场安装偏差及环境影响等因素，做好施工过程中的成品保护。

14.2　站台门绝缘失效

14.2.1　现象描述

站台门出现绝缘失效，不满足 GB 5157—2013《地铁设计规范》“正常情况下人体可触及的站台门金属构件应与车站结构绝缘，门体与车站结构之间的绝缘电阻不应小于 0.5 MΩ。每侧站台门应保持整体等电位”[1]的要求。各城市地铁站台门绝缘失效的情况较为普遍。

14.2.2　影响及后果

(1) 设备安全方面，站台门体与钢轨等电位连接当绝缘失效时，将有电流流经门体，在对地绝缘薄弱点可能出现“打火”现象，造成设备损坏或者乘客恐慌，甚至引发设备火灾，如图 14.1 所示。

图 14.1 “打火”烧坏螺母及电缆

（2）乘客安全方面，站台门安装在站台边缘，与列车车体之间的距离近，由于列车车体存在电位，在站台门绝缘失效的情况下，乘客上下车时极有可能同时接触到列车车体和站台门门体，产生跨步电压，可能对乘客造成危害，如图 14.2 所示。

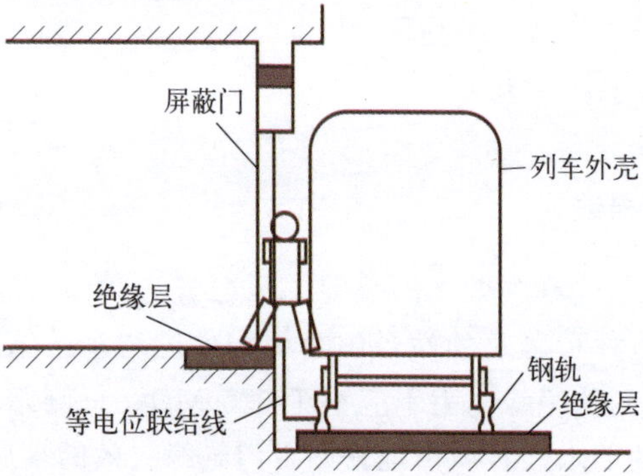

图 14.2 等电位示意图

国内某地铁曾发生过乘客携带金属旅行箱，上车时箱体同时接触到站台门和列车车体，造成“打火”烧损箱体内物品的事件。

14.2.3 原因分析

（1）施工不当对绝缘造成影响

1）施工现场保护不到位，在绝缘安装前期就存在污染，若未彻底清理后进行安装，极易造成绝缘失效且后期整改困难，如图 14.3 和图 14.4 所示。

图 14.3　正线绝缘污染

图 14.4　端门绝缘污染

2）绝缘带垫层施工时对站台门的保护不够。正常情况下绝缘带垫层施工时，应在站台门处设立挡板，阻挡水泥砂浆流入站台门悬空和支撑区域破坏站台门绝缘，如图 14.5 和图 14.6 所示。但挡板往往遭到施工破坏，门槛悬空区域被水泥全部填满，接触到门槛下部，造成绝缘失效。同时水泥污染支撑件的情况也比较普遍，也是绝缘失效的重要原因。

图 14.5　正线绝缘剖面

图 14.6　端门绝缘剖面

3）公共区其他设备安装时与站台门结构直接接触，造成绝缘失效，如图 14.7 所示。

（2）环境因素对换缘造成影响

为检测安装过程以及后期运行过程中环境因素对站台门绝缘的影响，对不同环境条件下绝缘部件性能进行测试，结论见表 14.1。

图 14.7 站台门与外部接口

表 14.1 不同环境下绝缘性能测试

序号	测试地点	测试时间	温度	湿度	绝缘板情况	万用表测量电阻	兆欧表测量电阻
1	模拟现场	9：58	21℃	62%	清洁	∞	518 MΩ
2	模拟现场	10：15	24℃	70%	清洁	∞	229 MΩ
3	模拟现场	10：23	25℃	75%	清洁	∞	360 MΩ
4	模拟现场	10：33	24℃	80%	清洁	∞	261 MΩ
5	模拟现场	10：49	24℃	85%	清洁	151 MΩ	205 MΩ
6	模拟现场	10：55	24℃	90%	清洁	101 MΩ	70 MΩ
7	模拟现场	11：05	24℃	90%	轻微污染	11.70 MΩ	2.06 MΩ
8	模拟现场	11：15	24℃	85%	轻微污染	11.42 MΩ	3.05 MΩ
9	模拟现场	11：17	24℃	80%	轻微污染	13.07 MΩ	3.88 MΩ
10	模拟现场	11：24	24℃	75%	轻微污染	22.87 MΩ	11.2 MΩ
11	模拟现场	11：31	24℃	70%	轻微污染	57.08 MΩ	34.6 MΩ
12	模拟现场	11：39	24℃	65%	轻微污染	∞	355 MΩ

续上表

序号	测试地点	测试时间	温度	湿度	绝缘板情况	万用表测量电阻	兆欧表测量电阻
13	模拟现场	11：50	23℃	70%	轻微污染	63.59 MΩ	38.40 MΩ
14	模拟现场	12：05	23℃	75%	轻微污染	22.91 MΩ	1.67 MΩ
15	施工现场	22：48	21℃	92%	清洁	∞	190 MΩ
16	施工现场	22：52	21℃	92%	轻微污染	12.38 MΩ	1.7 MΩ

注：轻微污染是指污染状况基本接近现场状态，但没有现场污染严重。

从检测数据基本可以得出结论：空气湿度大于 75%～85%时，绝缘电阻急剧下降；绝缘底座有轻微粉尘污染时，绝缘电阻下降 90%以上。每侧站台门约 142 个绝缘底座（并联关系），在湿度超过 75%～85%，现场有粉尘污染情况下，站台门整体对地电阻理论值不会大于 0.05 MΩ，无法满足大于 0.5 MΩ 的设计要求。

14.2.4　控制措施

（1）施工中的绝缘控制

1）站台门底座以及顶部绝缘件安装完成后，及时做好施工过程中绝缘材料的成品保护。

2）绝缘带垫层施工时，应注意对站台门的保护，绝缘带垫层施工时，应采取措施防止水泥砂浆流入站台门悬空区域和支撑区域，防止破坏站台门绝缘。

3）绝缘带地砖施工时，应注意地砖不要与站台门接触。完成后，绝缘胶条顶部水泥和垃圾应及时清理，以免绝缘带绝缘失败。

4）绝缘带建议采取分段实施，以方便施工卡控和检查。

5）装饰墙面与站台门立柱保持 5 mm 以上的距离。

6）通过站台门端门顶部的管线，施工时应尽量远离站台门金属结构。

7）装修施工应按要求对站台门端门与公共区/设备区结合处高 3 m、宽 2 m 的墙面范围做好绝缘处理，尽量避免装饰面表面有金属构件。

（2）施工完成后的绝缘控制

1）逐个检查天花板与站台门是否有接触。

2）维保过程中对底座的泥土、灰尘用毛刷清理干净，并用吹风机进行除湿处理。

3）检查端门，保证其与墙体有 5 mm 的间隙距离。

（3）采用其他绝缘方案

目前国内的绝缘设计方案较为趋同，设计工程师可以跳出固有的设计思路，采用异于传统的设计方式。比如对乘客能接触到的门槛、门柱外包钢、门楣部分进行单独绝缘（目前已有地铁采用独立设计）或者采用新型的绝缘材料，使得乘客能接触到的部件本身就绝缘，这样就能保护乘客和设备安全。设计方式以及材料的选择可以借鉴汽车、航空等行业的成功使用经验。

14.3 站台门与接口设施间隙过小

14.3.1 现象描述

站台门与机电、弱电构件、支架、装饰面板等设备间隙不满足大于 5 mm 的要求，如图 14.8 所示。

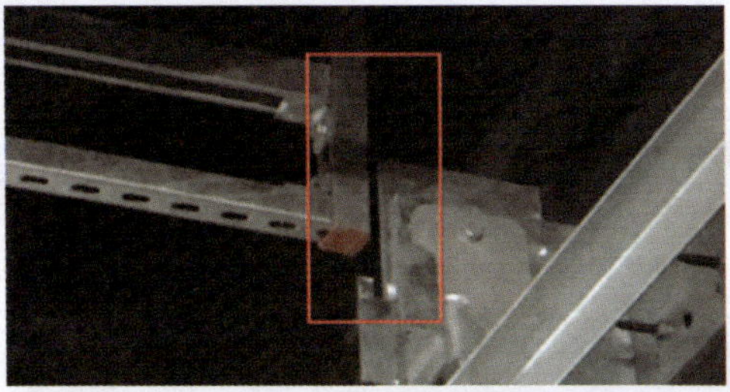

图 14.8 站台门与接口设施间隙图

14.3.2　影响及后果

（1）安全方面，站台门与接口设施间隙过小或完全接触可能影响站台门整体绝缘，与钢轨的等电位线连接后，该处存在打火隐患，可能影响行车组织和客运组织。

（2）设备方面，上部支撑作为站台门的主体支撑结构，在与其他设施存在干涉的情况下需进行切割处理和移位安装，可能破坏上部支撑结构承重稳定性，影响站台门的固定。

14.3.3　原因分析

一是相关接口专业设计阶段未在施工图纸上明确标注预留间隙距离；二是现场未严格按照设计图施工或施工误差较大，接口双方在施工阶段协调沟通不够；三是站台门设计规范和行业标准文件中未明确规定站台门和接口设施的间隙距离。

14.3.4　控制措施

（1）设计方面，设计阶段在施工图中应落实机电安装、装修专业与站台门系统的设备接口关系，明确接口位置和施工要求，标注清楚各接口预留间距。

（2）施工方面，一是站台门系统承包商与机电安装施工单位提前对接，在安装前对现场接口位置进行再次确认；二是机电安装施工单位做好人员技术交底，确保现场按照设计图施工。三是监理单位掌握实时进度，严格卡控现场施工质量，发现问题第一时间提出和协调解决。

14.3.5　整改效果

协调机电安装施工单位进行整改，在不影响接口专业设备安装和功能的原则下进行位置调整或加装绝缘橡胶，有效改善了此问题。

14.4 安全门靠轮损坏

14.4.1 现象描述

安全门靠轮橡胶皮脱落、损坏，如图 14.9 所示。

图 14.9 安全门靠轮损坏

14.4.2 影响及后果

安全门靠轮损坏后轴承与门体摩擦，滑动门开关过程中会产生严重的异响；安全门靠轮损坏后滑动门向一侧偏移，造成开关门阻力增大，引起单个滑动门故障；滑动门向一侧偏移将导致底座直线导轨偏心运动，引起直线导轨损坏；个别门体与立柱会有擦碰，门体玻璃有破裂的风险。

14.4.3 原因分析

一是高架站安全门靠轮采用轴承外包橡胶的设计方式，功能上只作为滑动门直线运行的导向轮。但在实际运行中，滑动门调整不到位造成门体偏移，导致安全门门体开闭时对靠轮造成挤压，损坏靠轮橡胶皮。二是安全门底座加工精度不高，底座平面度不够。三是地面找平不够，驱动固定门安装后水平调整不到位，造成整体倾斜。四是高架站靠轮长期处于日晒雨淋的环境，使用寿命缩短。五是设计和选材未考虑到设备加工误差、现场安装偏差及环境问题带来的影响。

14.4.4　控制措施

一是承包商设计阶段充分预想，考虑设备加工误差、现场安装偏差及环境问题等因素。二是加强生产质量的控制，安全门底座加工精度应满足设计要求。三是施工前应做好安全技术交底，明确如何进行门体水平位置的调整；施工过程中做好精调工作，确保驱动固定门以及滑动门偏移在允许范围内，不对安全门靠轮产生挤压；四是根据试验测试，建议将靠轮橡胶更换为尼龙材质，尼龙材质耐磨摩擦系数较小且环境抗性较高。

参 考 文 献

[1] GB 5157—2013　地铁设计规范［S］
[2] TSG T 7005—2012　电梯监督检验和定期检验规则—自动扶梯与自动人行道［S］
[3] GB 50763—2012　无障碍设计规范［S］
[4] QJ 1142A—2008　气体单向阀通用规范［S］
[5] GB/T 3314—2006　内燃机车通用技术条件［S］
[6] GB 50974—2014　消防给水及消火栓系统技术规范［S］
[7] TB/T 2075.14—2010　电气化铁道接触网零部件　第14部分：弹簧补偿装置［S］
[8] GB 50054—2011　低压配电低压配电设计规范［S］
[9] JGJ 16—2008　民用建筑电气设计规范［S］
[10] JB/T 10216—2013　电控配电用电缆桥架［S］
[11] GB 50217—2007　电力工程电缆设计规范［S］
[12] GB 50303—2015　建筑电气工程施工质量验收规范［S］